AF185743

Annette Kessler

Small Talk von A bis Z

Annette Kessler

Small Talk von A bis Z

150 Fragen und Antworten

Mit Illustrationen von Timo Wuerz

Bibliografische Information der Deutschen Bibliothek

Die Deutsche Bibliothek verzeichnet diese Publikation in der
Deutschen Nationalbibliografie; detaillierte bibliografische
Angaben sind im Internet über http://dnb.ddb.de abrufbar.

ISBN 978-3-89749-673-6

2. Auflage 2009

Lektorat: Christiane Martin, Köln
Umschlaggestaltung: +Malsy Kommunikation und Gestaltung, Willich
Umschlagfoto: Jerome Tisne/Iconica/Getty
Satz und Layout: Lohse Design, Büttelborn
Druck und Bindung: Salzland Druck, Staßfurt

Abonnieren Sie unseren Newsletter unter:
www.gabal-verlag.de

Vorwort

Small Talk ist das kleine Gespräch, das große Verbindungen schafft, ob auf Partys, Empfängen oder beim Geschäftsessen. Small Talk schafft Beziehungen und ist der Türöffner Nr. 1.

Für Ihre Karriere ist Small Talk unentbehrlich, denn mit dem kleinen Gespräch beginnt jeder Kontakt, und Kontakte sind neben der Fachkompetenz im Business die Basis für den Erfolg. Small Talk ist die Voraussetzung für professionelles Netzwerken.

Mit intelligentem Small Talk schaffen Sie die Atmosphäre für erfolgreiche Geschäfte. Die ersten Minuten des Gesprächs, das Auftreten und der erste Eindruck sind ausschlaggebend. Mit jeder Äußerung prägen Sie Ihr Image. In dem vorliegenden Buch werden 150 Fragen zum Small Talk praxisnah beantwortet. Sie erhalten nützliche Tipps für typische Situationen aus Ihrem beruflichen und privaten Alltag.

Die einzelnen Themen sind nach aussagekräftigen Schlagworten alphabetisch geordnet. Sie können diesen Ratgeber selbstverständlich von vorn bis hinten durchlesen. Doch das Besondere an diesem Buch ist, dass Sie die Möglichkeit haben, gezielt Themen und Situationen zu finden, die Sie interessieren. Mit dem thematischen Überblick am Anfang oder dem alphabetischen Stichwortverzeichnis am Ende finden Sie schnell das, was Sie suchen.

Darüber hinaus ist dieser Ratgeber auch einfach zum Schmökern geeignet, als unterhaltsame Lektüre, die Sie kreuz und quer lesen können, aufgelockert durch viele amüsante und treffende Illustrationen. Jede Seite bietet für den eiligen Leser eine Kurzantwort. Wer mehr wissen möchte, kann die anschließende ausführlichere Erläuterung lesen.

Nun wünsche ich Ihnen viel Spaß beim Lesen und zukünftig noch viele anregende Begegnungen beim Small Talk – beruflich und privat.

Annette Kessler

Thematischer Überblick

Small Talk beginnen – Small Talk beenden

Wie Ihnen der Einstieg gelingt und wie Sie den Small Talk höflich beenden

Ansprechen
Begrüßen
Blickkontakt
Eindruck, erster
Gesprächseinstieg
Eisbrecher

Anreise
Gesprächspartner wechseln
Verabschieden
Vernetzen
Visitenkarte

Sichere Themen – Tabu-Themen

Mit welchen Themen Sie richtigliegen

Hobbys
Sport
Internet
Restaurant
Urlaub
Zeitgeschehen
Kultur
Theater
Kino
Musik
Kunst
Bücher

Religion
Geld
Krankheit
Politik
Ehekrisen
Angeberei
Ausfragen
Lästern
Jammern

Besondere Situationen und Anlässe

Wie Sie jederzeit souverän wirken

Aufzug
Autofahrt mit Kunden
Beerdigung
Bewerbungsgespräch
Business Dinner
Business Lunch
Business Talk
Einkaufen
Firmenjubiläum
Flugzeug
Friseur
Hotel
Kantine

Kongress
Krankenbesuch
Kundenevent
Kundentermin
Restaurant
Sauna
Supermarkt
Verkaufsgespräch
Vernissage
Wartezimmer
Theater
Zugfahrt

Schwierige Gesprächssituationen

Wie Sie Krisen gekonnt meistern

Desinteresse
Fauxpas
Gesprächspartner, dumme
Gesprächspartner,
    unsympathische
Gesprächspartner, langweilige
Gesprächsteilnehmer
    einbeziehen
Tabu-Themen

Themen, unbekannte
Monolog
Gesprächspausen, peinliche
Schweiger, hartnäckige
schlechter Tag
Störungen
Unverschämtheit
Verspätung
Zweideutigkeiten

Körpersprache, Stimme und Sprache

Was die Körpersprache über Sie und andere verrät

Outfit
Geruch
Gestik
Mimik
Blickkontakt
Haltung
Abstand
Größenunterschiede

nahekommen
Hände in den Hosentaschen
Lautstärke
Sprache
Dialekt
Sprechtempo
Spiegeln
Duzen

Angenehme Gesprächsatmosphäre

Wie Ihnen der Small Talk gelingt

Charaktertypen
positives Image
Diskretion
Optimismus
Interesse am Gegenüber
Gesprächsfaden
Harmonie
Kompliment
Leichtigkeit

Namen
Humor
positives Denken
Selbstbewusstsein
Empathie
Sympathie
Zuhören
Fragen

Abstand

Wie groß sollte der Abstand zwischen den Gesprächspartnern beim Small Talk sein?

Ungefähr ein bis zwei Armlängen.

Es kommt darauf an, mit wem Sie es zu tun haben. Es ist sehr wichtig, das Distanzbedürfnis anderer Menschen zu respektieren. Wer jemandem zu dicht „auf die Pelle" rückt, muss sich nicht wundern, wenn er sich unbeliebt macht. Das unerlaubte Eindringen in die intime Distanzzone (von 0 bis 50 cm) wird praktisch immer als unerwünschte Grenzübertretung empfunden.

Für den Small Talk ist die persönliche Distanzzone (50 cm bis 1,50 m), auch Gesprächsdistanz genannt, wichtig. Diese eine oder zwei Armlängen sind je nach Temperament und Charakter der Gesprächspartner richtig zu wählen, das heißt, bei einem eher introvertierten Menschen sollten Sie den Abstand lieber etwas größer lassen als bei temperamentvollen, stark gestikulierenden Personen.

Kulturelle Unterschiede

In Südamerika sind die Distanzzonen geringer ausgeprägt als in Mitteleuropa. In einem brasilianischen Reitklub hatten derartige Missverständnisse zwischen Mitteleuropäern und Südamerikanern schmerzhafte Folgen: Ein Schreiner musste das Geländer einer Veranda erhöhen, weil immer wieder Mitteleuropäer rücklings hinuntergestürzt waren. Ihre südamerikanischen Pferdefreunde hatten den üblichen „nordischen" Gesprächsabstand von einer Armlänge nicht eingehalten, und die Gäste hatten sich unbewusst bedroht gefühlt. Da sie Schritt um Schritt zurückwichen und die Südländer nachrückten, hatte dies fatale Folgen.

Anfassen

? Wie reagieren Sie, wenn Ihr Gegenüber fast jede seiner Äußerungen mit einem herzlichen Ergreifen Ihres Armes verstärkt?

! Nehmen Sie ein volles Glas oder eine volle Kaffeetasse in die Hand.

Es gibt sehr herzliche und körperfreundliche Menschen, die ihre Zuneigung durch häufiges Berühren anderer gern ausdrücken. Wenn Ihnen eine Person sympathisch ist, werden Sie das Drücken Ihres Armes beim Small Talk nicht als unangenehm empfinden. Die Häufigkeit der Berührungen im Gespräch ist außerdem stark kulturell geprägt. In Südeuropa und Südamerika ist es ganz normal, seinen Gesprächspartner immer wieder anzufassen.

Wenn Sie aber eher ein kühler Mitteleuropäer und Ihnen die Berührungen unangenehm sind, sollten Sie versuchen mehr Abstand zu gewinnen oder einen weiteren Gesprächspartner dazubitten. Dann hat Ihr „Angreifer" eine neue „Angriffsfläche". Eine andere wirksame Methode ist auch, sich ein reichlich eingeschenktes Getränk zu besorgen, das beim herzlichen Ergreifen Ihres Armes überschwappen würde.

Angeberei

Sollten Sie beim Small Talk über Ihre Luxus-Segeljacht und Ihren sündhaft teuren Urlaub auf Mauritius reden?

Besser nicht. Angeber wirken unsympathisch.

Angeberei ist beim Small Talk nicht gefragt, obwohl Themen wie Segeln und Urlaub an sich geeignet wären. Aber nicht so protzig bitte!

Übertriebene Selbstdarstellungen nach dem Motto „Mein Haus, mein Auto, meine Jacht" sind fehl am Platz. Wenn Sie sich allerdings in Kreisen bewegen, wo das Absteigen in Luxushotels und ein Liegeplatz für Ihre 30 Meter lange Jacht in Saint-Tropez selbstverständlich ist, haben Sie genau das richtige Small-Talk-Thema.

„Manche Menschen wollen immer glänzen,
obwohl sie keinen Schimmer haben."

Heinz Erhardt (1909–1979),
deutscher Schauspieler und Entertainer

Anreise

? Ist die Anreise ein geeignetes Small-Talk-Thema?

Ja, besonders für den ersten Small Talk mit Leuten, die man vorher noch nie gesehen hat.

Das Thema „Anreise" gehört zu den klassischen „Icebreakern" beim Small Talk, sehr beliebt als erste Frage im Bewerbungsgespräch oder beim ersten Kundenkontakt. Daraus kann sich wunderbar ein kleines Gespräch entwickeln über verschiedene Verkehrsmittel, über Staus und wie man sie am besten übersteht, oder auch ein Austausch über die neuesten technischen Finessen und Pannen des Navigationssystems.

Tipp: Anreise und Wetter gehören zu den klassischen Icebreakern beim Small Talk!

Anreise

Sie kommen im Hotel an. Die Dame an der Rezeption fragt, ob Sie eine gute Anreise hatten. Wie reagieren Sie?

Bedanken Sie sich für die Nachfrage. Wenn Sie wollen, sagen Sie ein paar nette, freundliche Worte über Ihre Fahrt – ob im Auto, Zug oder Flugzeug.

Der kurze Small Talk an der Hotelrezeption ist als ein erweiterter Willkommensgruß und Zeichen der Gastfreundschaft zu deuten mit dem Ziel, dass Sie sich während Ihres Aufenthalts im Hotel wohlfühlen. Sie sollten also hier nicht Ihre gesamte Lebensgeschichte und Familienchronik erzählen, sondern eine kleine Anmerkung über Ihre Anreise reicht, beispielsweise Ihren Eindruck über die Stadt bei Ihrer Taxifahrt vom Flughafen zum Hotel.

Dieser „Mini-Small-Talk" an der Rezeption ist nicht mehr, aber auch nicht weniger, als ein freundliches Begrüßen.

„Freundlichkeit ist eine Sprache, die Taube hören und Blinde lesen können."
MARK TWAIN (1835–1910), US-AMERIKANISCHER SCHRIFTSTELLER

Ansprechen

Mit welchen Worten könnten Sie einen anderen Konferenzteilnehmer in der Pause ansprechen?

Fragen Sie ihn, ob ihm der Vortrag gefallen hat.

Wahrscheinlich besuchen Sie eine Konferenz, um neue Ideen oder neues Wissen zu erlangen, aber auch um neue Kontakte zu knüpfen, „Networking" zu betreiben. Jedes Netzwerken, jeder Kontakt beginnt mit dem Small Talk.

Es ist dabei eher nebensächlich, ob Sie das Gespräch mit der Frage nach dem Vortrag, einer Bemerkung über die angenehme „Location" oder den guten Kaffee beginnen. Was zählt ist, dass Sie auf andere Teilnehmer zugehen und so Interesse und Respekt für den anderen zeigen.

Small Talk ist soziales Lausen!

Atmosphäre, entspannte

Wie können Sie zu einer entspannten Atmosphäre beim Small Talk beitragen?

Indem Sie wohlwollend lächeln, interessiert zuhören und die richtigen Themen ansprechen.

Ein bekanntes Sprichwort lautet: „Ein Lächeln ist der kürzeste Weg zwischen zwei Menschen." Ein offenes, echtes Lächeln, das Wohlwollen dem anderen gegenüber ausdrückt, ist die Basis für eine gute Atmosphäre im Gespräch. Darüber hinaus sollten Sie durch Blickkontakt und gezieltes Nachfragen signalisieren, dass Sie interessiert zuhören. Fassen Sie das Gehörte auch hin und wieder zusammen.

Von entscheidender Bedeutung für das Gelingen des Small Talks ist außerdem die Wahl der richtigen Themen. Vermeiden Sie Themen, die polarisieren. Wecken Sie vielmehr positive Emotionen mit einer amüsanten Anekdote oder einer Urlaubsgeschichte. So gelingt es Ihnen, die Atmosphäre angenehm zu gestalten und mit Ihrem Gesprächspartner die gleiche Wellenlänge herzustellen.

„Das echte Gespräch bedeutet aus dem Ich heraustreten und an die Tür des Du klopfen."

ALBERT CAMUS (1913–1960), FRZ. SCHRIFTSTELLER

Aufzug

Sie treffen als Chef morgens vor der Arbeit einen Mitarbeiter im Aufzug. Wie verhalten Sie sich?

Ein freundlicher Gruß und eine ungezwungene Bemerkung sind angesagt, stumm herumzustehen wirkt stoffelig.

Wenn Sie morgens mit einem Mitarbeiter im gleichen Lift stehen, wird von Ihnen als Führungskraft erwartet, dass Sie ein kleines Gespräch beginnen, denn das fordern die Regeln der Höflichkeit. Stumm herumzustehen, könnte Ihnen als Desinteresse, Arroganz oder Schüchternheit ausgelegt werden.

Lassen Sie ungezwungen ein paar Bemerkungen über die allmorgendliche Verkehrssituation oder über den Wetterwechsel fallen.

Besonders wichtig sind das Lächeln und der nette, kollegiale Ton dabei, um einfach ein Gesprächsklima zu schaffen, bei dem sich der Mitarbeiter wohlfühlt. Denn ein zufriedener Mitarbeiter ist auch ein engagierter und motivierter Mitarbeiter.

Tipp: Nutzen Sie die kurze Begegnung, um sich positiv in Erinnerung zu rufen.

Aufzug

Sie betreten im Hotel einen Aufzug, in dem schon ein paar Leute stehen. Sagen Sie etwas?

Ja, Sie sollten auf jeden Fall grüßen.

Die Situation in einem Lift ist eine besondere. Auf engstem Raum stehen völlig unbekannte Menschen zusammen, ähnlich wie in einer überfüllten U-Bahn. Die Lage ruft bei den meisten ein unangenehmes, manchmal auch peinliches Gefühl hervor. Alle schauen in eine Richtung, bloß nicht noch einander anstarren! Das ist zu erklären durch die unbeabsichtigte Verletzung der intimen Distanzzone, die in unseren Breitengraden ungefähr einen halben Meter beträgt. In diesen Raum lassen wir sonst nur vertraute Menschen.

Um die Peinlichkeit der Situation ein wenig aufzulösen, sollten Sie wenigstens in die Runde grüßen. Wenn Sie der Typ dazu sind und Ihnen eine passende Bemerkung einfällt, die zu einem „Mini-Small-Talk" führt, entspannt sich die Lage schnell.

Tipp: Im Aufzug immer grüßen, wenn Sie dazukommen!

Ausfragen

Ist es okay, wenn Sie bei Ihrem neuen Gesprächspartner zunächst einmal mit gezielten Fragen herauszufinden versuchen, was er macht, wo er lebt, wie er lebt und so weiter?

Ausfragen gilt als unhöflich.

Small Talk ist keine Fragestunde! Wenn Sie wie bei einem Verhör Ihr Gegenüber ausfragen, weckt das nicht gerade Sympathien auf der anderen Seite. Eine angenehme Gesprächsatmosphäre hingegen schaffen Sie, wenn jeder etwas von sich erzählt und so im Verlauf des Gesprächs ein Bild vom anderen entstehen kann.

Im Idealfall sind beim Small Talk die Gesprächsanteile der Teilnehmer ungefähr gleich. Es sollte ein amüsantes Pingpong-Spiel sein, bei dem der Ball hin und her geht.

Don't: Small Talk ist kein Verhör!

Aussprache

Wenn Sie eher ein Nuschler sind, wie können Sie eine deutlichere Aussprache bekommen?

Üben Sie, mit einem Korken zwischen den Zähnen zu sprechen!

Die Sprache hat einen großen Einfluss darauf, wie uns andere wahrnehmen und einschätzen. Wenn Sie eine nachlässige Aussprache haben und ein wenig nuscheln, wird es für Ihren Gesprächspartner schwierig, Sie zu verstehen. Er wird häufiger nachfragen, um Sie nicht falsch zu verstehen. Als Nuschler könnten Sie auch den Eindruck erwecken, dass Sie nicht ganz von dem überzeugt sind, was Sie sagen, denn Sprache wirkt auch auf der psychologischen Ebene: Eine deutliche Aussprache vermittelt Klarheit, Kompetenz und Zielorientiertheit.

Mithilfe der Korkenübung – aus der Trickkiste der Schauspielausbildung – können Sie Ihre Artikulation verbessern. Nehmen Sie dazu einen Korken zwischen die Zähne und sprechen Sie einen Text. Wenn Sie den gleichen Text dann ohne Korken sprechen, werden Sie eine deutliche Veränderung zugunsten einer klareren Aussprache wahrnehmen. Aber nur Übung macht den Meister!

Demosthenes litt in seiner Jugend an einem Sprachfehler. Um sich von ihm zu befreien, ging er ans Meer, steckte sich einen Kieselstein in den Mund und sprach gegen die Brandung an – mit Erfolg. Er wurde der berühmteste Redner der Griechen.

Autofahrt mit Kunden

Sie holen einen wichtigen Kunden vom Flughafen ab. Auf der Autofahrt zur Firma ist Small Talk angesagt. Welche Themen eignen sich?

Erkundigen Sie sich, wie die Reise war, und erzählen Sie etwas von Ihrer Stadt.

Bei der Autofahrt zur Firma sollten noch keine geschäftlichen Dinge besprochen werden. Vielmehr geht es darum, eine angenehme Atmosphäre für das folgende Gespräch zu schaffen. Das erreichen Sie am besten mit Themen wie Anreise und aktuelle Umgebung.

Zum Beispiel so: „War der Flug ruhig?", „Ging es pünktlich los?", „Hatten Sie einen netten Sitznachbarn?" oder „Die Verkehrsführung hier am Flughafen ist geändert, weil er ausgebaut wird", „Die Stadtautobahn ist der schnellste Weg ins Zentrum" und „Nächste Woche beginnen hier die Festspiele".

Tipp: Werfen Sie morgens beim Zeitunglesen einen Blick auf die lokalen Events! Das gibt Small-Talk-Gesprächsstoff für auswärtigen Geschäftsbesuch.

20

Autos

Sind Autos ein gutes Thema für den Small Talk mit Ihren Kollegen?

Grundsätzlich ja, aber bitte ohne Prahlerei.

Es ist ein weitverbreitetes Klischee, dass Männer gern über Autos reden. Viele Frauen übrigens auch. Das Auto ist ein ergiebiges Thema, ob Sie nun die neuesten Modelle der verschiedenen Marken ansprechen, die technischen Finessen oder den Benzinverbrauch. Über Autos können Sie stundenlang reden.

Lassen Sie sich bei diesen Gesprächen nicht auf Vergleiche der PS-Leistung und ähnliche Prahlereien ein. Thematisieren Sie lieber andere Aspekte des Autofahrens wie zum Beispiel die „Formel 1" und deren Protagonisten.

„Ich glaube an das Pferd. Das Automobil ist eine vorübergehende Erscheinung."

WILHELM II. (1859–1941), DT. KAISER

Beerdigung

Als Repräsentant Ihrer Firma treffen Sie auf einer Beerdigung einen Kunden. Ist es angebracht, mit einem anderen Geschäftspartner ein paar Worte über die Geschäfte auszutauschen?

Ein Begräbnis ist keine Gelegenheit, um über geschäftliche Dinge zu reden.

Bei einem Trauerfall sind besondere Rücksicht und Einfühlsamkeit nötig. Sie sollten bei der Beerdigung möglichst nur über die guten Seiten des Verstorbenen sprechen und auf die gemeinsamen Zeiten zurückblicken. Geschäftliche Themen sind tabu.

Bei einem Begräbnis sind besondere Diskretion und Rücksichtnahme gefragt.

Begrüßen

Die Sekretärin trifft ihren Chef auf dem Flur. Wer grüßt zuerst?

Die Sekretärin grüßt den Chef zuerst.

Der Grund: Im Business muss die „rangniedere" Person die „ranghöhere" Person zuerst grüßen, wobei hier das Grüßen ohne Handschlag gemeint ist. Allerdings würde sich der Chef keinen Zacken aus der Krone brechen, wenn er zuerst grüßt, sondern er könnte dadurch auch einfach nur charmant und souverän wirken.

Beim Begrüßen mit Handschlag ist es umgekehrt: Der oder die „Ranghöhere" streckt zuerst die Hand hin, gibt damit sozusagen die Erlaubnis zur Berührung. Achtung Fettnäpfchen! Das wird verbreitet falsch gemacht. Viele junge engagierte Angestellte rennen mit ausgestreckter Hand und bester Absicht auf ihren Chef zu.

Auf dem privaten Parkett zählen die Damen als „Ranghöhere" und reichen deshalb bei der Begrüßung zuerst die Hand. Gastgeber oder Gastgeberinnen werden im Business und privat als „Ranghöhere" gesehen und ergreifen daher die Initiative zum Handgeben. Beispiel: Sie treffen einen Kunden in Ihrer Firma zum Gespräch. Selbstverständlich gehen Sie auf ihn zu und reichen die Hand als Erster.

Tipp: Nehmen Sie auch eine „falsch" hingestreckte Hand zur Begrüßung mit souveräner Selbstverständlichkeit und ohne „Oberlehrer-Kommentar"!

Begrüßen

? Auf einer Party werden Sie mit einem anderen Gast bekannt gemacht. Beim Handgeben meidet er den Blickkontakt. Was heißt das?

! Das bedeutet meist Unsicherheit, kann aber auch auf Desinteresse hinweisen.

Menschen, die sehr schüchtern sind, haben Schwierigkeiten, anderen in die Augen zu sehen. Das gilt besonders für Leute mit einem schwachen Selbstbewusstsein, da sie sich anderen meist unterlegen fühlen. In diesem Fall sollten Sie Freundlichkeit und Warmherzigkeit ausstrahlen, um dem Gegenüber die Hemmungen zu nehmen.

Es gibt aber auch den arroganten Ego-Typ, der flüchtig und desinteressiert andere begrüßt, wenn's denn überhaupt sein muss. Wenn Sie ihn nicht als Erfolg versprechenden, zukünftigen Kunden sehen, sollten Sie so schnell wie möglich das Weite suchen und sich mit netteren Menschen unterhalten.

Übrigens: Blickkontakt bei der Begrüßung ist wichtig und vermittelt Sympathie und Glaubwürdigkeit.

Bewerbungsgespräch

Sie sind zum Bewerbungsgespräch eingeladen. Welche Themen eignen sich für das Warm-up vor dem eigentlichen Gespräch?

Erzählen Sie etwas Interessantes von Ihrer Anreise und sagen Sie etwa Positives über die Stadt, in der Sie sich befinden.

Wenn Sie zu einem Bewerbungsgespräch eingeladen sind, sind Sie selbstverständlich bestens vorbereitet auf Fragen zu Ihrer Person, Ihrem Werdegang, Ihrem potenziellen Nutzen für die Firma und über das Unternehmen selbst. Unterschätzen Sie aber nicht die Bedeutung der Warm-up-Plauderei vor dem eigentlichen Gespräch. Hier entsteht der erste Eindruck, hier werden Ihre Kommunikationsfähigkeiten getestet.

Überlegen Sie sich deshalb schon auf der Reise ein paar intelligente und positive Bemerkungen über die neue Stadt, über Besonderheiten auf der Reise oder was Ihnen auf der Internetseite des Unternehmens aufgefallen ist. Beim „sanften" Einstieg können Sie damit punkten, denn mit diesen ersten Äußerungen prägen Sie Ihr Image.

Tipp: Machen Sie sich schon während der Anreise ein paar Gedanken über den Small Talk zum Einstieg des Bewerbungsgesprächs!

Blickkontakt

? Wie reagieren Sie, wenn Ihr Gegenüber Ihren Blicken im Gespräch unsicher ausweicht?

! Erzählen Sie von einem witzigen Missgeschick, das Ihnen einmal passiert ist.

Unsichere und schüchterne Menschen haben oft Schwierigkeiten, den Blickkontakt im Gespräch zu halten. Wenn der Blickkontakt fehlt, kann keine für beide Seiten angenehme Gesprächsatmosphäre aufkommen.

Warum fühlt sich Ihr Gegenüber in Ihrer Gegenwart unsicher oder vielleicht sogar minderwertig? Vielleicht wirken Sie zu dominant und selbstbewusst? Holen Sie sich selbst vom Sockel herunter, auf den er Sie gesetzt hat. Zeigen Sie ihm im Gespräch, dass Sie auch nur ein Mensch mit Fehlern sind. Wenn Sie mit ein wenig Selbstironie von einem Fauxpas, der Ihnen passiert ist, erzählen und ihn vielleicht sogar zum Lachen bringen, wird die Stimmung gleich besser.

Tipp: Schauen Sie Ihren Gesprächspartner an, ohne ihn anzustarren!

Blickkontakt

Was bedeutet es, wenn Ihr Gesprächspartner beim Small Talk ständig über Sie hinwegschaut?

Sie scheinen ihn zu langweilen.

Wenn Ihr Gesprächspartner mit den Augen jemand anderen sucht oder an die Decke schaut, ist er offensichtlich nicht an dem interessiert, was Sie gerade sagen. Das irritiert Sie, und so ist kein angenehmes Gespräch möglich.

Wie aber schaffen Sie es, jemanden, der aus Langeweile, Arroganz oder Desinteresse den Blickkontakt meidet, wieder „ins Boot zu holen"?

Stellen Sie eine offene Frage, damit Ihr Gegenüber wieder zum Zuge kommt. Überlassen Sie ihm die Führungsrolle im Gespräch und lassen Sie ihn über ein Thema reden, bei dem er sich auskennt.

Ohne Blickkontakt bleibt jede Aussage unglaubwürdig!

Bodyfeedback

Wie können Sie sich Bodyfeedback beim Small Talk zunutze machen?

Durch eine aufrechte und entspannte Körperhaltung kommen Sie in eine positive Stimmungslage.

Die Art und Weise, wie Sie stehen oder sitzen, hat psychologischen Untersuchungen zufolge Einfluss darauf, wie Sie wirken und was Sie sagen. Bodyfeedback heißt Rückmeldung, die die Psyche vom Körper bekommt.

Die wechselseitigen Beeinflussungsmöglichkeiten zwischen Körper und Psyche können eine enorme Wirkung entfalten, was durch spannende Experimente aus der Psychologie belegt ist.

So zeigte beispielsweise eine Versuchsgruppe, die vorher zehn Minuten in einer aufrechten Körperhaltung verharren musste, bei der darauf folgenden schwierigen Lernaufgabe im Durchschnitt wesentlich mehr Motivation und Durchhaltevermögen als die andere Versuchsgruppe, die vorher zehn Minuten in einer gekrümmten Haltung ausharren musste. Es besteht also ein Zusammenhang zwischen Körperhaltung und Emotion.

Tipp: Aufrechte und entspannte Körperhaltung bewirkt positive Stimmung.

Bücher

Ihr Gegenüber outet sich als Leseratte. Sind Bücher ein geeignetes Thema, den Small Talk in Gang zu halten?

Ja, auf jeden Fall. Bücher sind ein sehr ergiebiges Thema.

Eigentlich kann Ihnen nichts Besseres passieren, als beim Small Talk auf eine Leseratte zu treffen. Sie können dann jedenfalls sicher sein, dass Ihnen der Gesprächsstoff nicht ausgeht. Wer viel liest – wenn es nicht nur Arztromane sind –, kann viel und interessant erzählen.

Wenn Sie dann noch herausfinden, dass Ihr Gegenüber die gleichen Autoren und das gleiche Genre mag, steht einer lebhaften und unterhaltsamen Plauderei nichts mehr im Wege.

Tipp: Wer viel liest, hat viel zu erzählen und ist ein interessanter Gesprächspartner.

Business Dinner

Sie laden Ihren Geschäftspartner mit Partnerin zum mehrgängigen Business Dinner ein. Welche Gesprächsthemen sind geeignet?

Reden Sie über kulturelle Themen, Ihren letzten Kino- oder Theaterbesuch.

Auch Themen wie Hobbys und Reisen sind gut geeignet. Aber nicht so protzig bitte! Angeberei mit der Luxus-Segeljacht oder dem teuren Hotel auf Mauritius ist nicht angesagt. Wenn Sie Ihre Gesprächspartnerin noch nicht kennen, wäre es auch indiskret, Fragen zu Familie und Familienplanung zu stellen. Bringen Sie das Gespräch lieber auf kulturelle Themen. Diese Themen sind unverfänglich und bestens geeignet, um ein Gespräch in positiver Atmosphäre zu führen.

Ein Rat von dem Zyniker George Bernhard Shaw (1856–1950, irischer Satiriker) zum Thema Diskretion: „Lästige Konversation mit Tischdamen können Sie umgehen, indem Sie unverheiratete Frauen fragen, wie viele Kinder sie haben, und verheiratete, warum sie keine haben."

Business Lunch

Worüber reden Sie beim Business Lunch im Restaurant?

Nach kurzem Small Talk wird meist über Geschäfte geredet.

Im Gegensatz zum noblen mehrgängigen Abendessen mit Geschäftspartnern, bei dem oft auch noch die Partner oder Partnerinnen eingeladen werden, hat der Restaurantbesuch zur Mittagszeit meist den Charakter eines Arbeitsgesprächs. Die Besprechung vom Vormittag wird beim Essen fortgeführt. Der Small Talk wird knapp gehalten.

„Amerikanische Geschäftsessen sind ein Ausdruck äußerster
Effizienz. Wo gibt es das sonst noch alles gleichzeitig:
Man redet dir die Ohren voll, du schlägst dir den Bauch voll
und nimmst den Mund voll!?"

GERALD R. FORD, PRÄSIDENT DER USA 1974–1977

Business Talk

Wo mündet der Small Talk in den Business Talk?

Business Talk beginnt, wenn Sie nützliche Informationen austauschen für künftige Geschäftsmöglichkeiten.

Mit dem Small Talk beginnt jeder Kontakt. Zunächst geht es um das gegenseitige Beschnuppern. Sie sollten herausbekommen, ob die „Chemie" stimmt, und dafür sorgen, dass das Gespräch für beide Seiten angenehm verläuft. Im nächsten Schritt können dann Ideen und nützliche Informationen ausgetauscht und Geschäftsmöglichkeiten ausgelotet werden.

Business Talk bedeutet, dass Sie das Vorgehen und die Ziele einer künftigen Zusammenarbeit wirkungsvoll artikulieren können und ein Netzwerk von Beziehungen zum gegenseitigen Vorteil ausbauen.

Netzwerkregel Nr. 1: No give – no get!

Charaktertypen

Warum ist es wichtig, sich beim Small Talk auf verschiedene Charaktertypen einzustellen?

So finden Sie die gleiche Wellenlänge.

Was für ein Mensch ist mein Gegenüber? Diese Frage stellen sich alle, die versiert „smalltalken". Denn: Aufmerksamkeit und Wahrnehmung der Persönlichkeit des anderen sind die Schlüssel für eine angenehme Gesprächsatmosphäre. Ist der andere eher ein introvertierter Mensch, spricht er leise und entspannt, oder ist er eher ein temperamentvoller extrovertierter Typ mit einem Hang zur Selbstdarstellung? Wie ist seine Sprache, sein Tonfall? Zeigt er Emotionen und Begeisterung oder zieht er nüchterne, sachliche Äußerungen vor?

Wenn Sie Ihren Gesprächspartner genau wahrnehmen, können Sie sich beispielsweise in Sprechtempo und Lautstärke auf ihn einstellen. Dadurch gewinnen Sie Sympathie und Vertrauen. Sie zeigen damit ein hohes Maß an Empathie, das heißt Einfühlungsvermögen, eine wesentliche Fähigkeit der emotionalen Intelligenz.

„Ein Geheimnis des Erfolgs ist, den Standpunkt des anderen zu verstehen."

HENRY FORD (1863–1947), AUTOMOBILHERSTELLER

Desinteresse

Der Small Talk mit Ihrem Gesprächspartner ist bei einem Ihnen unangenehmen Thema angelangt. Ist es okay, wenn Sie demonstrativ auf die Uhr schauen, um Ihrem Gegenüber Ihr Desinteresse zu signalisieren?

Nein, werden Sie aktiv und bringen Sie den Small Talk wieder in ein sicheres Fahrwasser.

Als „Profi-Small-Talker" werden Sie versuchen, ein unangenehmes Gesprächsthema zu umschiffen und das Gespräch durch Assoziationen auf einen anderen Punkt zu lenken, statt zu unhöflichen Mitteln zu greifen. Der Gesprächspartner könnte ja in Zukunft noch einmal wichtig für Sie sein.

Dialekt

Sie treffen als Schwabe mit stark ausgeprägtem Dialekt zum ersten Mal einen für Sie wichtigen Geschäftspartner aus Hamburg. Wie reden Sie mit ihm?

Stehen Sie zu Ihrer Herkunft, solange man Sie versteht.

Wenn ein Schwabe sich bemüht, akzentfreies Hochdeutsch zu sprechen, um einen guten Eindruck zu hinterlassen, geht dieser Schuss meist nach hinten los. Nichts wirkt komischer als das Bemühen eines waschechten Dialektsprechers, „nach der Schrift zu sprechen".

Sie hinterlassen einen wesentlich besseren Eindruck, wenn Sie Ihre Herkunft nicht zu verleugnen suchen, solange man Sie nicht missversteht. Mühsam abgerungenes Hochdeutsch geht zulasten Ihrer authentischen Ausstrahlung.

Dialekt ist nur erlaubt, solange Sie verstanden werden.

Diskretion

? Warum ist Diskretion beim Small Talk wichtig?

! Diskrete Menschen vermitteln Vertrauen, Kompetenz und Sympathie.

Angenommen, bei einer Afterwork-Party treffen Sie einen ehemaligen Kollegen. Er möchte alles genau über Ihre neue Firma wissen. Geben Sie ihm die gewünschten Informationen dosiert und lassen Sie Firmeninterna weg.

Wer an dieser Stelle zu viel plaudert, verliert seine Glaubwürdigkeit. Eine gewisse Verschwiegenheit in beruflichen und privaten Dingen zeugt von Charakter.

Tipp: Diskretion bewirkt Vertrauen und Sympathie.

Duzen

Können Sie auf einer Party als Mitte Dreißigjähriger die anderen Ihnen unbekannten Gäste duzen?

Ja, wenn die anderen Gäste im ähnlichen Alter sind.

Der Rahmen einer Veranstaltung ist maßgebend für das Duzen oder Siezen. Auf einer Party, in einer Szenekneipe oder in einer lockeren Runde würde das „Sie" ziemlich steif und förmlich wirken. Anders im Business: Hier ist das unbekümmerte Duzen nicht angesagt. Sie sollten sich den Gepflogenheiten der Branche bzw. der Firma anpassen.

Eine eher verunglückte Sonderform der Anrede ist häufiger im Supermarkt zu hören: „Frau Schulz, bring bitte das Wechselgeld mit." Das Pendant dazu ist in Handwerksbetrieben und allgemein bei Auszubildenden anzutreffen: „Stefan, machen Sie bitte die Rechnung fertig." Diese Anredeform für junge Leute ist aber durchaus sinnvoll. Jugendliche mit 16 oder 17 Jahren lassen sich ungern mit Frau oder Herr ansprechen, nehmen andererseits aber das Siezen als respektvolle sprachliche Geste gern an.

Tipp: Zurückhaltung beim Duzen im Job!

Duzen

Bei der Weihnachtsfeier in der Firma bietet Ihnen Ihr leicht angetrunkener Chef das „Du" an. Duzen Sie ihn auch am nächsten Morgen weiterhin?

Nein, blenden Sie die Weihnachtsfeier diskret aus.

Vielleicht ist es Ihrem Chef am nächsten Morgen peinlich, dass er sich im alkoholisierten Zustand auf ein „Du" mit Ihnen eingelassen hat. So verhält sich zwar kein Gentleman, doch zeigen Sie umso mehr Diskretion und Feingefühl, wenn Sie ihn am nächsten Morgen weiter siezen und den gestrigen Abend ausblenden.

Sie lassen ihm damit die Wahl. Hat er das „Du" ernst gemeint, kann er in dem Moment die Sache ansprechen und das Duzangebot noch einmal offiziell wiederholen. Hat er sich durch seine vom Alkohol gelöste Zunge in Richtung Mitarbeiterfreundlichkeit ein wenig übernommen, ermöglichen Sie ihm den Rückzug, ohne dass er sein Gesicht verliert.

Duzen

Können Sie ein Duzangebot ablehnen?

Ja, höflich und trotzdem bestimmt.

Es ist keine angenehme Situation, ein angebotenes „Du" abzulehnen. Sie sollten die Vor- und Nachteile bewusst abwägen. Vielleicht ist Ihnen die Person einfach nicht sympathisch und Sie halten durch das Siezen die Ihnen angenehme Distanz aufrecht. Mit höflichen und klaren Worten können Sie das Duzangebot ablehnen: „Vielen Dank für das Angebot, aber ich möchte lieber beim Sie bleiben."

Mit Kollegen und Vorgesetzten sollten die gängigen Regeln eingehalten werden: Der Vorgesetzte bietet dem Mitarbeiter zuerst das „Du" an und der Ältere dem Jüngeren. Ablehnen kann aber auch hier der „Rangniedere".

Der Ältere bietet dem Jüngeren das „Du" an.

Duzen

Wie verhalten Sie sich, wenn Sie neu in einer Firma sind, gut zehn Jahre älter als Ihre Kollegen, und alle duzen sich?

Abwarten, bis die Kollegen auf Sie zukommen.

Wenn sich in dieser Firma alle Kollegen duzen, drückt das „Du" auch eine gewisse Dazugehörigkeit aus. Die Kollegen sollten Sie so bald wie möglich mit einem Duzangebot in ihren Kreis mit aufnehmen.

Durch das Siezen kann eine gewisse Distanz eingehalten werden, die im Business aber nicht immer negativ gesehen werden sollte. Wenn Sie Aufgaben delegieren wollen oder auch einmal eine Bitte des Kollegen ablehnen möchten, ist das per „Sie" leichter. Wie heißt noch der Spruch? Man sagt leichter „Du Esel" als „Sie Esel".

Übrigens: Beim schwedischen Möbelhaus Ikea ist Duzpflicht – vom Lagerarbeiter bis zum Deutschlandchef.

Ehekrisen

Sie haben gerade erfahren, dass Ihre Frau seit Monaten einen Liebhaber hat. Ist das ein Thema für den Small Talk mit Ihrem Tischnachbarn?

Nein, auch wenn Sie momentan kaum an etwas anders denken können.

Persönliche Probleme, Intimes und Ehekrisen gehören nicht in den Small Talk. Wenn ein aktueller Fall Sie momentan seelisch stark belastet, suchen Sie einen guten Freund auf, bei dem Sie Ihr Herz ausschütten können. Nehmen Sie nicht den erst besten Small Talk-Gesprächspartner. Small Talk ist keine Therapiestunde!

Don't: Persönliche Probleme gehören nicht in den Small Talk.

Eindruck, erster

In wie viel Sekunden entsteht der erste Eindruck?

Der erste Eindruck entsteht in drei bis fünf Sekunden.

Vielleicht sind es auch ein paar Sekunden mehr. Auf jeden Fall prägen die ersten Sekunden das Bild, das Sie sich von Ihrem Gegenüber machen oder das sich Ihr Gesprächspartner von Ihnen macht. Der erste Eindruck ist offenbar entscheidend. Untersuchungen haben gezeigt, dass wir nur selten das Anfangsurteil komplett umwerfen.

Psychologen stellten außerdem fest, dass im Vergleich die Urteile der Laien aufgrund kurzer Begegnungen fast genauso zuverlässig sind wie aufwendige Persönlichkeitstests der Profis.

Umso wichtiger ist es, den ersten Sekunden einer Begegnung besondere Aufmerksamkeit zu widmen, sei es beim Vorstellungsgespräch, bei Geschäftskontakten oder auf einer Party.

You never get a second chance for the first impression!

Eindruck, erster

Was nimmt Ihr Gegenüber in den ersten Sekunden wahr?

Vor allem die Körpersprache und das Outfit, aber auch die Stimme.

Untersuchungen haben gezeigt, dass 55 Prozent der Wirkung beim ersten Eindruck auf die Körpersprache fallen, 38 Prozent erreicht die Stimme und nur 7 Prozent machen die Worte aus. Im weiteren Verlauf wird dann der Inhalt des Gesagten immer wichtiger. Aber zu Beginn einer Begegnung konzentriert sich die Aufmerksamkeit zunächst auf das Äußere.

Diese Chance sollten Sie nicht vertun. Setzen Sie mit Ihrer Kleidung die richtigen Signale für die entsprechende Situation. Tragen Sie beispielsweise keine Spaghetti-Träger und Flip Flops im Bewerbungsgespräch bei einer Bank.

Machen Sie sich Ihre Körpersprache bewusst. Mimik, Gestik, Haltung und Blickkontakt sollten Offenheit und Freundlichkeit ausdrücken.

Lassen Sie Ihre Stimme sympathisch klingen. Nicht zu laut, nicht zu leise, kein Nuscheln oder Piepsen.

Kleidung setzt Signale, Kleidung weckt Emotionen!

Einkaufen

? Wie können Sie mit der netten Verkäuferin im Modegeschäft einen „Mini-Small-Talk" beginnen?

! Loben Sie das modische Sortiment und fragen Sie, ob das Kleid im Schaufenster auch in Ihrer Größe zu haben ist.

So entwickelt sich schnell ein kleines Gespräch über die aktuelle Mode, was Ihnen steht, welches Modell Ihren Stil am ehesten verkörpert oder welche Designer Ihnen gefallen.

Wenn Sie nicht der geborene Plauderer sind und glauben, dass Sie auf diesem Gebiet noch Übungsbedarf haben, ist das Einkaufen eine ideale Spielwiese, den Small Talk zu probieren. Sie treffen viele verschiedene Leute, mit denen Sie im Grunde nicht viel zu tun haben. Das macht die Sache einfach.

Sie können locker drauflosplaudern, und wenn's schief geht, ist das auch nicht schlimm. So gewinnen Sie spielerisch das nötige Know-how für die wirklich wichtigen Small-Talk-Situationen im Job.

Tipp: „Übung macht den Meister" gilt auch beim Small Talk!

Eisbrecher

Welche Themen gehören zu den „klassischen" Eisbrechern?

Wetter, Anreise und direkte Umgebung.

Vielleicht halten Sie das Wetter für ein zu banales Thema, um in den Small Talk einzusteigen. Doch wenn Sie es lebendig und kreativ angehen, ist dagegen nichts zu sagen. Im Gegenteil: Gerade beim ersten Zusammentreffen mit Fremden ist das Thema Wetter unverfänglich und neutral, sonst wären übrigens 60 Millionen Briten oberflächlich.

Nicht anders beim Thema Anreise. Sie haben unendlich viele Möglichkeiten von diesem Thema ausgehend schon ein wenig über sich und Ihre Gewohnheiten zu erzählen: Lesen beim Bahnfahren, Musikhören beim Autofahren, die frische Luft genießen beim Radfahren und so weiter.

Wenn Wetter und Anreise abgehakt sind, können Sie das Gespräch leicht in Gang halten, indem Sie bewusst Ihre fünf Sinne einschalten, das heißt das verbalisieren, was Sie gerade hören, riechen, schmecken, sehen oder fühlen. Zum Beispiel so: „Der heiße Kaffee tut aber gut bei dem kalten Wetter" oder „Sie haben wunderbare Pflanzen in Ihrem Büro".

Tipp: Schalten Sie Ihre fünf Sinne ein. Thematisieren Sie, was Sie gerade sehen, hören, riechen, schmecken oder fühlen!

Empathie

Wie können Sie die Stimmungslage Ihres Gegenübers herausfinden?

Achten Sie auf Stimme und Körpersprache.

Empathie ist eine wesentliche Fähigkeit der emotionalen Intelligenz. Empathie heißt: die Emotionen der anderen wahrzunehmen, aber auch bewusst auf die eigene Körpersprache und die des Gegenübers zu achten: Wie ist Ihre Haltung? Stehen Sie gerade, dem anderen zugewandt und geöffnet? Hält der andere Blickkontakt? Wie lebhaft gestikuliert er? Sind die Hände sichtbar oder hinter dem Rücken? Wie schnell, wie laut redet er? Wie ist der Tonfall?

Wenn Sie auf Ihre Körpersprache bewusst achten, können Sie einerseits durch Ihre Worte, Ihre Stimme und Ihre Gestik Interesse ausdrücken. Durch das Einfühlungsvermögen für den anderen nehmen Sie wahr, in welcher Stimmung sich Ihr Gesprächspartner befindet, und Sie können sich darauf einstellen.

5 Tipps für Empathie beim Small Talk:

1. Ihre Körperhaltung ist immer offen und entgegenkommend.
2. Sie halten stets Blickkontakt.
3. Sie hören zu, bringen den anderen zum Reden und unterbrechen nicht.
4. Sie fragen verständnisvoll nach und stellen offene Fragen.
5. Sie drücken den Inhalt des Gesagten mit eigenen Worten aus.

Empathie

Wie können Sie herausfinden, welche Themen Ihren Gesprächspartner interessieren?

Hören Sie genau zu und achten Sie auf Hinweise im Raum.

Wenn Sie einen Kunden in seinem Büro oder Bekannte zu Hause besuchen, bekommen Sie oft durch die Einrichtung Hinweise auf die Interessen des Gastgebers. Welche Bilder hängen an den Wänden? Gibt es Urlaubs- oder Familienfotos, die für jedermann sichtbar sind? Gibt es vielleicht afrikanische Trommeln an der Wand oder liegen die Joggingschuhe in der Ecke?

Manche Leute tragen auch Anstecknadeln an der Kleidung, die Auskunft über die Zugehörigkeit zu einem bestimmten Klub oder Verein geben. Wenn Sie mit offenen Augen den anderen und seine Umgebung wahrnehmen, finden Sie schnell ein interessantes Gesprächsthema.

Genauso wichtig ist aber auch das genaue Zuhören. Oft können Sie durch eine Bemerkung am Rande mehr über Ihr Gegenüber und seine Interessen erfahren, als wenn ein Thema direkt angesprochen wird. Fragen Sie nach und zeigen Sie so Interesse für Ihren Gesprächspartner. So gewinnen Sie Sympathie und Vertrauen.

Tipp: Augen auf in fremden Büros und Wohnungen! So bekommen Sie Small Talk-Futter!

Erziehungsratschläge

Ihr Gesprächspartner erzählt von seinem pubertierenden Sohn und den damit verbundenen Schwierigkeiten. Sie haben auch einen Sohn im gleichen Alter. Sollten Sie ihm Ratschläge aus Ihrem Alltag geben?

Nein, Erziehungsratschläge wirken rechthaberisch und unsympathisch. Versuchen Sie lieber die Sache mit Humor zu sehen.

Die Pubertät ist unbestritten eine schwierige Zeit für Erzieher und Zöglinge. Die täglichen Herausforderungen auf beiden Seiten sorgen zwar oft für massive Kommunikationsstörungen, haben aber zweifellos auch humoristische Aspekte. Wenn Sie diese beim Small Talk verbalisieren, finden Sie leicht eine gemeinsame Ebene mit Ihrem ebenfalls betroffenen Gesprächspartner.

„Der größte Fehler, den die Jugend von heute hat, ist der, dass man nicht mehr zu ihr gehört."

SALVADOR DALÍ (1904–1989), SPAN. SURREALIST. MALER

Fachsprache

Wie viel Fachvokabular ist erlaubt, wenn Sie von Ihrem Hobby erzählen?

Wenig bis gar keins. Fachsprache sollte weitgehend vermieden werden.

Es ist allgemein unhöflich, Wörter und Begriffe zu gebrauchen, die Ihr Gesprächspartner nicht kennt. Wenn Sie feststellen, dass der andere keine Ahnung von Ihrem Hobby, zum Beispiel vom Golfspielen, hat, aber interessiert danach fragt, kommen Sie um die Erläuterung von ein paar Spezialbegriffen nicht herum. Dabei sollten Sie allerdings jeglichen belehrenden oder gar oberlehrerhaften Ton vermeiden. Ansonsten verscherzen Sie sich die Sympathien Ihres Gesprächspartners.

„Man soll nie vergessen, dass die Gesellschaft lieber unterhalten als unterrichtet sein will."

ADOLPH FREIHERR KNIGGE (1752–1796), DT. SCHRIFTSTELLER

49

Fauxpas

Sie treffen bei einer Kundenveranstaltung auf einen Gesprächspartner, der unangenehme Ideologien vertritt. Wie reagieren Sie?

Versuchen Sie auf ein anderes Thema zu lenken oder lassen Sie ihn
stehen.

Der Small Talk hat den Sinn, Leute zusammenzubringen, eine nette
Atmosphäre zu schaffen und Sympathien aufzubauen. Wenn jemand
diese Spielregeln aufs Gröbste verletzt, müssen Sie reagieren.

Wenn Sie es nicht mit einem Hardcore-Ideologen zu tun haben, schaffen
Sie es meist durch geschickte Überleitungen zu einem anderen Thema, der
Situation den Sprengstoff zu nehmen. In härteren Fällen müssen Sie auch
zu härteren Maßnahmen greifen: Gehen Sie einfach weg und lassen Sie den
Menschen stehen.

Übrigens: Beim Small Talk ist „political correctness" ein Muss!

Fernsehen

Ist das Fernsehprogramm vom Wochenende ein geeignetes Small-Talk-Thema für das Geschäftsessen mit Kunden?

Ja, wenn Sie das Richtige gesehen haben.

Was das Richtige ist, müssen Sie selbst entscheiden. Machen Sie sich klar, dass Sie beim Small Talk mit jeder Äußerung Ihr Image prägen. Das gilt auch für das Fernsehprogramm. Ob Sie den „Musikantenstadl", den „Tatort" oder ausgewählte Filme auf „Arte" anschauen, die Wirkung auf Ihren Gesprächspartner ist verschieden. Sie werden bewusst oder unbewusst in eine bestimmte Schublade gesteckt, aus der Sie schwer wieder herauskommen.

Unverfänglich sind Dokumentationen und Reportagen, die oft interessante und wertvolle Informationen bieten und den Horizont erweitern. Wer heute überhaupt keinen Fernseher hat, kommt leicht in den Verdacht, ein Snob zu sein.

Firmenjubiläum

Beim Firmenjubiläum werden Sie mit der Frau des Chefs bekannt gemacht. Was sagen Sie nach der Begrüßung?

Sagen Sie ein paar Worte zu Ihrer Person.

Wenn Sie mit jemandem bekannt gemacht werden, ist es ratsam, nach dem Namen und dem Gruß eine kurze Info über sich selbst abzugeben, zum Beispiel: „Ich bin in der Firma für Personalfragen zuständig." Das gibt Ihrem Gegenüber die Möglichkeit, etwas über Sie zu erfahren und erleichtert so auch den Einstieg in ein Gespräch.

Im Fall des Firmenjubiläums können Sie auch die angenehme Umgebung oder das wunderbare Büffet loben. So haben Sie gleich ein nettes Kompliment gemacht, denn die Frau des Chefs wird bestimmt an der Vorbereitung des Jubiläums mitgewirkt haben.

Begrüßung mit „BISS"

B egrüßen	(Tagesgruß)
I ch bin	(Vor- und Nachname)
S tellung	(in der Firma)
S ituationsbrücke	

Flugzeug

Im Flugzeug möchten Sie ein paar Worte mit Ihrem Sitznachbar wechseln. Wie beginnen Sie das Gespräch?

Nach einem freundlichen Gruß könnten Sie die Pünktlichkeit bzw. Verspätung ansprechen.

Wer viel fliegt, weiß, dass es im Flugzeug nicht immer sehr höflich zugeht. Aber gerade, wenn man auf so engem Raum oft mehrere Stunden zusammen ist und die persönliche Distanzzone durch die äußeren Umstände aufgehoben ist, helfen Regeln, den Aufenthalt möglichst für jeden angenehm zu gestalten.

Zunächst sollte es eine Selbstverständlichkeit sein, Ihre Sitznachbarn freundlich zu grüßen. Wenn nötig, helfen Sie das Handgepäck zu verstauen und platzieren Ihre eigenen Sachen so, dass Sie Mitreisende nicht stören. Die Armlehnen sollten Sie nicht offensiv blockieren. Lassen Sie Ihrem Sitznachbarn, vor allem, wenn er ein Mittelsitz belegt, den Vorrang.

Ein nettes Gespräch kann dazu beitragen, die oft bedrückend enge Situation im Flugzeug zu entkrampfen. Lächeln Sie Ihren Gesprächspartner an und freuen Sie sich, dass es nun endlich losgeht, wenn der Flieger Verspätung hat. Falls er pünktlich ist, heben Sie dies als positiv hervor. Der Anfang ist gemacht, und von da an kann sich ein Small Talk entwickeln.

Tipp: Im Flugzeug nicht über Katastrophenfilme reden!

Fragen

? Sind geschlossene Fragen, auf die Sie nur mit Ja und Nein antworten können, beim Small Talk sinnvoll?

Nein, sie wirken als Stopper für das Gespräch.

Geschlossene Fragen, auf die nur mit Ja und Nein geantwortet werden, führen schnell in eine Sackgasse und wirken als Gesprächsbremse. Zum Beispiel: „Haben Sie diesen Film schon gesehen?" So kann die Plauderei schnell zu Ende sein.

Wird Ihnen selbst eine geschlossene Frage beim Small Talk gestellt, so machen Sie es wie die Politiker im Interview: Geben Sie eine ausführliche Antwort, statt nur mit Ja oder Nein zu antworten. Dadurch können Sie den Gesprächsfaden weiterspinnen und vermeiden peinliche Sprachlosigkeiten.

Sie können geschlossene Fragen aber auch bewusst bei Vielrednern und Langweilern einsetzen, um sie zu stoppen. Doch wirklich hartnäckige Zeitgenossen lassen sich auch davon nicht abhalten, ihre Monologe und Belehrungen auszuführen.

Tipp: Vermeiden Sie geschlossene Fragen!

Fragen

Welche Frageform ist für den Small Talk besonders geeignet?

Offene Fragen und Motivationsfragen sind gesprächsfördernd.

Offene Fragen, die sogenannten W-Fragen, sind gut geeignet, ein Gespräch in Gang zu setzen und in Gang zu halten, zum Beispiel so: „Wohin reisen Sie gern?" oder „Wie fanden Sie den Film?". Diese Fragen ermöglichen dem Gesprächspartner eine ausführliche Antwort, bei der er seine Ansicht äußern kann.

Auch mit Motivationsfragen bringen Sie Ihr Gegenüber beim Small Talk zum Sprechen. Mit der Frage „Was halten Sie als Experte von der Sache?" motivieren Sie den anderen, seinen Standpunkt zu vertreten. Durch die Formulierung sprechen Sie dem anderen eine gewisse Kompetenz zu, die ihn ermutigen soll, sich zu äußern.

„Die beste Antwort der erhält, der seine Frage richtig stellt."

EUGEN ROTH (1895 – 1976), DT. DICHTER UND LYRIKER

Frauen

? Sind Frauen die besseren „Small-Talker"?

! Nein, das ist eher eine Frage der Mentalität.

Angeblich reden Frauen mehr und lieber. Schon deshalb seien sie die besseren „Small-Talker". Viele Männer selbst widerlegen jedoch dieses Klischee. Denken Sie nur an eine Runde von Fußballfreaks.

Ob Profi-Plauderer oder nicht, hängt vielmehr vom Charakter ab. Temperamentvolle, extrovertierte Menschen tun sich leichter, mit anderen ins Gespräch zu kommen. Doch das macht noch keinen Profi aus, denn nicht nur die Quantität, sondern die Qualität zählt, will sagen, wer viel redet, kann auch viel Unsinn reden.

Ein guter „Small-Talker" hat vielmehr folgende Eigenschaften: Er hat ein gesundes Selbstwertgefühl, er ist vielseitig interessiert, er hat angenehme Umgangsformen, er kann gut zuhören und er hat Humor. Und diese Kombination ist nicht geschlechtsspezifisch.

„Die Schönheit brauchen wir Frauen, damit die Männer uns lieben, die Dummheit, damit wir die Männer lieben."

COCO CHANEL (1883–1971), FRZ. MODESCHÖPFERIN

Fremdwörter

Wirken Sie besonders intelligent, wenn Sie viele Fremdwörter benutzen?

Nein, eher wie ein Angeber.

Fremdwörter sollten Sie sparsam einsetzen und dem Bildungsstand des Gesprächspartners anpassen. Durch die Anhäufung von Fremdwörtern wirken Sie nicht zwangsläufig intelligenter, sondern Ihre Redebeiträge sind nur schwerer verständlich.

Wenn das Fremdwort allerdings treffender ist als das entsprechende deutsche Wort und Sie davon ausgehen können, dass es allgemein verstanden wird, können Sie es benutzen.

Beispiel: „Dass sich ein Airbag im Auto befindet, weiß heute jeder." Würden Sie in diesem jedoch von einem „Prallsack" reden, was allen Ernstes von überzeugten Anglizismus-Gegnern vorgeschlagen wurde, weiß Ihr Gegenüber nicht, was Sie meinen.

„Meine Frau und ich pflegen eine traditionalistische Aufgabenteilung mit weitgehender Asymmetrie der häuslichen Pflichten."

AUS EINEM INTERVIEW MIT DIETRICH SCHWANITZ (1940 – 2004),
DT. LITERATURPROFESSOR

Friseur

? Welche Small-Talk-Themen sind für den Friseurbesuch geeignet?

! Urlaub ist immer ein gutes Thema, und ausnahmsweise ist auch ein bisschen Promiklatsch erlaubt.

Beim Friseur gehört der Small Talk genauso zur beruflichen Ausrüstung der Angestellten wie der Lockenwickler und der Föhn. Friseure sind meist Profi-Plauderer, da sie das kleine Gespräch den ganzen Tag praktizieren.

Die Themenauswahl ist groß: Mit Wetter und Urlaub liegen Sie nie daneben. Außerdem finden Sie in den einschlägigen Illustrierten, die in keinem Friseursalon fehlen, reichlich Material. Welche Baronin hat sich liften lassen? Warum trennt sich diese von jenem? Hier ist aus aktuellen Gründen ein wenig Promiklatsch ausnahmsweise erlaubt.

Tipp: Hände weg vom Klatsch! Nur beim Friseur ist er erlaubt!

Geld

Sollten Sie mit Ihren Kollegen in der Mittagspause über Ihren Gehaltszettel plaudern?

Nein, hier gilt noch immer die bekannte Regel: „Über Geld spricht man nicht."

Im Gegensatz zu den USA, wo die Gehaltslisten für jeden einsehbar am schwarzen Brett hängen, ist in Deutschland das Thema Geld tabu. Es gilt als äußerst indiskret, jemanden nach seinem Gehalt zu fragen. Selbst unter guten Bekannten oder Freunden ist dieses Thema tabu.

Nur wenn das Thema Geld nicht im persönlichen Kontext steht, können Sie es beim Small Talk ansprechen, zum Beispiel die Grundstückspreise oder die Miethöhe in einer bestimmten Gegend, auch Zinsen und Anlagen, wenn eher der allgemeine Aspekt betont wird.

„Geld allein macht nicht unglücklich."

CURT GOETZ (1888–1960),
DEUTSCH-SCHWEIZERISCHER SCHRIFTSTELLER UND SCHAUSPIELER

Geruch

? Wie viel Parfum ist für den täglichen Auftritt angebracht?

! Der persönliche Duft sollte einen Radius von ungefähr einem halben Meter nicht überschreiten.

Der individuelle Geruch eines Menschen spielt beim ersten Eindruck eine besondere Rolle. Auch beim Small Talk erhält Ihr Gegenüber schnell Informationen über Sie: Hat er gerade ein Döner gegessen? Hat sein Deodorant versagt? Hat er gerade geduscht?

Wenn Sie Parfum oder Aftershave benutzen, sollte es so dosiert sein, dass Ihr Gesprächspartner nicht in eine Duftwolke gehüllt wird. Eine wirksame Möglichkeit, die Überdosierung zu verhindern, ist das Wechseln der Marke. Nur so können Sie Ihre Nase vor Desensibilisierung bewahren und vermeiden, dass Sie zu viel auftragen. Sie sollten also mehrere, auf Tages- und Jahreszeit abgestimmte Düfte besitzen, die Sie entsprechend einsetzen.

Tipp: Bei einer Einladung zum noblen Abendessen das Parfum oder Aftershave besonders sparsam einsetzen. Ihre Nase und die Ihrer „Mitesser" wollen die Düfte des Essens ungestört – auch von noch so teuren Parfums – aufnehmen.

Gespräch beenden

Wie beenden Sie einen Small Talk am besten?

Sagen Sie freundlich und bestimmt, dass Sie das Gespräch beenden wollen.

Das höfliche Beenden eines Gesprächs läuft in drei Schritten ab:

1. Schritt
Drücken Sie mit höflichen und freundlichen Worten aus, dass Sie die Absicht haben, das Gespräch zu beenden. Begründen Sie kurz Ihren Entschluss, aber rechtfertigen Sie sich nicht. Zum Beispiel: „Ich schaue gerade auf die Uhr und sehe, dass es schon so spät ist. Ich habe gleich noch einen Termin. Deshalb müssen wir unser Gespräch jetzt leider abbrechen".

2. Schritt
Bedanken Sie sich mit einem positiven Schlusssatz, denn mit einem positiven Resümee werten Sie Ihren Gesprächspartner auf. Zum Beispiel: „Vielen Dank für das interessante Gespräch. Es hat mir Spaß gemacht, mich mit Ihnen zu unterhalten."

3. Schritt
Verabschieden Sie sich mit einem Blick in die Zukunft, denn mit einer positiven Aussicht suggerieren Sie Interesse am anderen. Zum Beispiel: „Vielleicht können wir unser Gespräch bald fortsetzen. Darf ich Sie morgen einmal anrufen?"

Tipp: Beenden Sie einen Small Talk höflich, ohne ein schlechtes Gewissen zu haben!

Gesprächseinstieg

? Ist das Wetter als Einstieg in den Small Talk geeignet?

! Ja, aber bitte keine abgedroschenen Floskeln!

Das Wetter gehört zu den klassischen Einstiegsthemen, und geschickt angewandt, ist das Wetter perfekt geeignet, um ins Gespräch zu kommen, ohne als einfallslos zu gelten. Wenn Sie allerdings mit Allgemeinplätzen oder Floskeln wie „Ja nun, das Wetter ist ja heute auch mal wieder keins" beginnen, werden Sie bei Ihrem Gegenüber das Eis nicht brechen.

Bringen Sie allerdings eine „persönliche Note" in den Wetter-Talk, dann haben Sie die Sympathien auf Ihrer Seite. Das ist besonders leicht, wenn das Wetter extrem gut oder schlecht ist. Mit dem Satz „Das gleißende Sonnenlicht erinnert mich an das Licht in den Bergen" lenken Sie das Gespräch zu Ihrem Hobby, dem Bergwandern.

Tipp: Der „Wettereinstieg" eignet sich bei extremen Temperaturen am besten.

Gesprächseinstieg

Ist die Standardfrage „Wie geht's?" ein guter Einstieg in den Small Talk?

Meistens nicht.

Die Frage „Wie geht's?" klingt oft ziemlich floskelhaft und oberflächlich. Eine Antwort wird nicht erwartet, oder jedenfalls keine ehrliche und offene. Deshalb sollten Sie die „Wie geht's-Frage" auch nur dann stellen, wenn Sie bereit sind, sich auf eine ausführliche Antwort einzulassen.

In bestimmten Situationen jedoch kann die Frage gut geeignet sein, um in den Small Talk einzusteigen. Sie wissen beispielsweise von einem Kunden oder Bekannten, dass er eine Operation oder eine lange Krankheit hinter sich hat. Wenn Sie ihn nun nach längerer Zeit mit der ehrlich gemeinten Frage „Wie geht es Ihnen?" begrüßen, wird er sich über Ihre echte Anteilnahme freuen und dies sympathisch finden.

Im Deutschen schließt die Frage „Wie geht's?" im Gegensatz zum angelsächsischen Sprachraum eine Auskunft über das persönliche Befinden ein.

Gesprächsfaden

? Wie schaffen Sie es, den Gesprächsverlauf zu bestimmen und das Heft in der Hand zu behalten?

! Durch kreatives Assoziieren bleiben Sie am Ball.

Erfolgreich „smalltalken" können heißt assoziativ denken können. Jeder Mensch ist von seinem persönlichen Muster aus Erfahrungen und Erlebnissen geprägt. Fragen Sie beispielsweise drei verschiedene Leute, was ihnen spontan zu „Mailand" einfällt, werden Sie mit großer Wahrscheinlichkeit drei verschiedene Antworten bekommen, zum Beispiel „Scala", „Salami" oder „Mode", und ein Vierter assoziiert bestimmt „Fußball".

Die Kunst des Assoziierens ist eine Grundvoraussetzung für den lebendigen Small Talk. Wenn Sie Assoziationsketten bilden können, wird Ihnen zum einen der Gesprächsstoff nie ausgehen und zum anderen können Sie so Gespräche lenken. Wenn das Gespräch beispielsweise gerade bei einem Tabu-Thema gelandet ist, können Sie mit einer geschickt gewählten Assoziation auf geeignete, die Atmosphäre positiv beeinflussende Gebiete zusteuern.

Tipp: Üben Sie Assoziationsketten zu bilden! Beispiel: Urlaub – Mallorca – Kartause von Valldemossa – Chopin – Klaviermusik – Konzerte – Hobby

Gesprächspartner, dumme

Ist es möglich, mit einem Menschen zu plaudern, den Sie absolut lächerlich und dumm finden und den Sie nicht ernst nehmen können?

Ja, wenn er beispielsweise der Verlobte Ihrer besten Freundin ist.

Wenn Sie es sich mit Ihrer besten Freundin nicht verderben wollen, sollten Sie bereit sein, mit Menschen auszukommen, die ihr wichtig sind. Auch wenn sie nicht gerade Ihrem Geschmack entsprechen.

Doch gerade darin besteht eine besondere Herausforderung: Trainieren Sie den Small Talk mit Exoten, dann ist die Plauderei mit „Normalos" eine Leichtigkeit für Sie.

„Dummheit, die man bei andern sieht,
wirkt meist erhebend aufs Gemüt."

WILHELM BUSCH (1832–1908), DT. SCHRIFTSTELLER

Gesprächspartner, langweilige

Ihr Gesprächspartner, ein potenzieller Kunde, ist von der Sorte Endlos-Erzähler und Langweiler. Beenden Sie das Gespräch so schnell wie möglich?

Nein, wenn er wirklich ein potenzieller Kunde ist, nicht.

Lassen Sie ihn doch reden und machen Sie sich Ihr Ziel klar: Sie wollen mit diesem Menschen ins Geschäft kommen. Wenn Sie sich als guter Zuhörer erweisen, wird Ihnen das Sympathiepunkte bringen, und das ist eine gute Basis für eine zukünftige Geschäftsbeziehung.

„Die gute Unterhaltung besteht nicht darin,
dass man selbst etwas Gescheites sagt, sondern dass
man etwas Dummes anhören kann!"

WILHELM BUSCH (1832–1908), DT. SCHRIFTSTELLER

Gesprächspartner, unsympathische

Was machen Sie, wenn Sie Ihren Gesprächspartner unsympathisch finden?

Stellen Sie sich ihn als Baby vor.

Nicht alle Menschen sind einem gleich sympathisch. Im privaten Bereich können Sie die unsympathischen weitgehend aussortieren und meiden. Im Job geht das allerdings nicht immer. Jeder hat schon einmal mit einem Geschäftspartner oder Kunden zu tun gehabt, der eine unangenehme Aura verbreitet.

Professionelles Business-Verhalten heißt, auch mit solchen Exemplaren umgehen zu können. Nur wie? Wenn die Abneigung gegen die Person besonders groß ist, der geschäftliche Nutzen aber sehr hoch ist, können Sie auf einen Trick zurückgreifen.

Stellen Sie sich den großspurigen, aus dem Mund riechenden 1,90 Meter großen Mann als Baby vor. Jeder war mal nett! Es ist nur manchen Leuten im Laufe der Zeit abhanden gekommen. Diese Vorstellung wird ein verständnisvolles Lächeln auf Ihr Gesicht zaubern, und die Kommunikation klappt gleich besser.

*Man hat seinen Geist nie so nötig, als wenn man
mit einem Dummkopf zu tun hat.*

CHINESISCHES SPRICHWORT

Gesprächspartner wechseln

Auf einem gesellschaftlichen Event wollen Sie das Gespräch mit einem lästigen Gesprächspartner beenden. Wie kommen Sie am elegantesten weg?

Bedanken Sie sich für das Gespräch, und sagen Sie höflich, aber deutlich, dass Sie noch gern mit Herrn X oder Frau Y sprechen möchten.

Den Small Talk sollten Sie genauso höflich beenden, wie Sie ihn begonnen haben, auch wenn Ihr Gesprächspartner Sie nervt. Sagen Sie deutlich und klar, dass Sie noch mit weiteren Gästen sprechen wollen.

Gerade auf Veranstaltungen mit gesellschaftlichem Charakter ist es nicht angemessen, sich bei einem Gesprächspartner festzubeißen. Sie wollen ja mit möglichst vielen Menschen plaudern und neue Kontakte knüpfen.

Tipp: Vorsicht mit Ausreden! Sagen Sie nicht, dass Sie sich noch etwas zu trinken holen gehen oder dass Sie zur Toilette müssen. Ihr Gesprächspartner will sonst vielleicht mitkommen und Sie werden ihn gar nicht mehr los.

Gesprächspausen, peinliche

? Wie überbrücken Sie peinliche Gesprächspausen?

! Versuchen Sie, durch gezielte Fragen an einen Gesprächspunkt anzuknüpfen.

Wenden Sie die Techniken des aktiven Zuhörens an, das heißt nachfragen, die Gedanken des Gegenübers mit eigenen Worten wiederholen, Gefühle des anderen heraushören und widerspiegeln.

Beispiele: „Wie haben Sie das genau gemeint?", „Habe ich das richtig verstanden, dass …", „Sie sagten das, als ob …"

Wenn Sie einen Punkt ansprechen, den Ihr Gesprächspartner vorher erwähnt hat, können Sie sicher sein, dass er etwas dazu sagen kann und das Gespräch schnell wieder in Gang kommt.

Tipp: Öfter mal nachfragen im Gespräch, ob Sie die Botschaft des anderen auch richtig verstanden haben.

Gesprächsteilnehmer einbeziehen

Als Kundenberater unterhalten Sie sich beim Firmenjubiläum mit dem Gastgeber. Seine Frau kommt dazu. Wie verhalten Sie sich?

Beziehen Sie sie sofort ins Gespräch mit ein, indem Sie ihr kurz erläutern, worüber Sie gerade sprachen.

Bedenken Sie, dass diese Dame die Gastgeberin ist. Sie ist damit laut Knigge-Regeln die ranghöchste Person bei dieser Veranstaltung. Ihr gegenüber ist also besonders respektvolles und aufmerksames Verhalten angesagt.

Tipp: Gastgeberinnen und Gastgeber sind die „Ranghöchsten" und daher mit besonderer Achtung zu behandeln!

Gestik

Welche Gesten zeigen Offenheit und Freundlichkeit?

Hände nicht verstecken und beim Gestikulieren die Innenseiten der Handflächen zeigen.

Wer seine Worte beim Small Talk mit Gesten unterstreicht, wirkt offener als jemand, der seine Arme starr am Körper herunterhängen lässt oder sie gar hinter dem Rücken oder in den Hosentaschen versteckt. Abgeknickte Handgelenke sowie Handrücken in Richtung Gesprächspartner wecken keine Sympathie, sondern eher Mitleid beim Gegenüber.

Wenn die Innenseiten der Hände sichtbar sind, bringen Sie damit zum Ausdruck, dass Sie nichts zu verstecken haben. Dies weckt Vertrauen und Sympathie beim Gesprächspartner.

„Italienisch = eine Gebärdensprache,
deren Verständlichkeit durch Worte erschwert wird."

ANTHONY QUINN (1916–2001), AMERIK. FILMSCHAUSPIELER

Gestik

Ihr Gesprächspartner steht beim Small Talk mit verschränkten Armen da. Bedeutet dies Ablehnung?

Das muss nicht sein. Tonfall und Mimik sind entscheidend.

Körpersprachliche Äußerungen müssen immer im Zusammenhang gesehen werden. Die Arme zu verschränken, kann Ablehnung bedeuten, kann aber auch einfach eine bequeme Haltung sein. Achten Sie auf den Gesichtsausdruck und die Sprache und machen Sie sich erst dann Ihr Bild.

Tipp: Wer Körpersprache lesen kann, erfährt mehr über sich und andere.

Größenunterschied

Angenommen, Ihr Gegenüber ist ein stattlicher Mann von fast zwei Meter Länge. Sie selbst gehören eher zu den zierlichen Menschen von 1,60 Metern. Wie können Sie mit diesem Menschen nett plaudern, ohne eine Genickstarre zu bekommen?

Vergrößern Sie den Abstand oder suchen Sie so schnell wie möglich eine Sitzgelegenheit.

Auch wenn Ihnen der 2-Meter-Mann sympathisch ist, sollten Sie beim Small Talk im Stehen den Abstand größer wählen als sonst. Warum? Ganz einfach: Der Winkel für den Blickkontakt wird so größer und Sie bekommen nicht so schnell einen steifen Hals beim Plaudern.

Eine gute Alternative wäre, das Gespräch im Sitzen zu führen, denn so fällt der Größenunterschied nicht so stark auf.

Haltung

Mit welcher Haltung drücken Sie Selbstbewusstsein und Sicherheit aus?

Eine gerade, aufrechte Haltung mit leicht geöffneter Fußstellung wirkt souverän.

Ihre Haltung sagt eine Menge über Ihre innere Haltung aus. Nicht von ungefähr kommen die Redensarten wie: „Dieser Mensch hat Rückgrat" oder „Sie steht mit beiden Beinen im Leben". Wer aufrecht und gerade steht, zeigt Selbstbewusstsein. Menschen mit immer leicht vorgezogenen Schultern und gebeugter Haltung überzeugen nicht.

Die Fußstellung spielt auch eine wichtige Rolle. Wenn Sie die Füße zu eng nebeneinanderstellen, haben Sie keinen Halt beim Stehen. Eine leicht geöffnete Stellung gibt mehr Sicherheit und strahlt diese auch aus.

Hände in den Hosentaschen

Können Sie beim Small Talk lässig eine Hand in die Hosentasche stecken?

Besser nicht, Hände in den Hosentaschen gelten immer noch als Respektlosigkeit.

Die Sichtbarkeit der Hände galt schon bei unseren Vorfahren und gilt auch heute noch in der Körpersprache als Zeichen der Offenheit mit der Botschaft: „Schau, ich habe nichts zu verstecken und ich trage auch nicht heimlich eine Waffe!" Die Hände sollten also weder in die Hosentaschen noch hinter den Rücken.

Es gibt natürlich auch Ausnahmen: Wenn Sie beispielsweise mit Gleichaltrigen oder Gleichgestellten locker plaudern, darf auch mal eine Hand lässig in die Hosentasche.

Allerdings bei jeder Begrüßung mit Handschlag und beim Small Talk mit Ihrem Chef oder mit älteren Damen ist dies tabu. Es wird als respektlos gewertet.

„Wenn du die Menschen verstehen willst,
darfst du nicht auf ihre Reden achten."

ANTOINE DE SAINT-EXUPÉRY (1900–1944), FRZ. FLIEGER U. SCHRIFTSTELLER

Harmonie

? Sollten Sie, auch wenn Sie beim Small Talk anderer Meinung sind als Ihr Gesprächspartner, ihm der harmonischen Atmosphäre wegen zustimmen?

! Nein, Ja-Sager sind langweilig.

Grundsätzlich sollte sich die nette kleine Plauderei von einer Diskussion unterscheiden. Beim Small Talk sind polarisierende Themen unerwünscht, da er das Ziel hat, eine angenehme Atmosphäre zu schaffen.

Doch auch bei geeigneten Small-Talk-Themen wie Urlaub kann ein eingefleischter Bergwanderer und Kletterfan auf den Flachland, Meer und südliche Sonne liebenden Urlauber stoßen. Sie sollten in solchen Situationen dem anderen seine Vorlieben lassen. Sie müssen ja nicht mit ihm zusammen in den Urlaub fahren.

Vertreten Sie Ihre Meinung ohne Rechthaberei, auch wenn sie von der Ihres Gesprächspartners abweicht. Ja-Sager sind langweilig. Lassen Sie Ihren Gesprächspartner erkennen, wer Sie sind und was Sie denken. Geben Sie eine emotionale Wertung ab, damit Ihr Gegenüber einen Einblick in Ihre Persönlichkeit bekommt. Es kommt also dabei auf das „Wie" an.

Der Klügere gibt so lange nach, bis er der Dümmere ist.

UNBEKANNT

Hobbys

Sie spielen in Ihrer Freizeit in einer Rockband? Wäre dies ein geeignetes Thema für den nächsten Small Talk mit Ihrem Chef?

Warum nicht? Musik ist eine Sprache, die jeder versteht.

Zugegeben, bei Rockmusik scheiden sich die Geister. Aber wieso soll das „Musizieren" in einer Rockgruppe kein akzeptables Hobby sein? Ihr Talent am Schlagzeug oder an der E-Gitarre zeugt von Kreativität und Engagement. Das sind Eigenschaften, die bei einem Mitarbeiter gern gesehen werden.

Solange Ihre Piercings und Tattoos im Büro nicht unter Ihrem Nadelstreifenanzug sichtbar sind, hat Ihr Chef bestimmt nichts gegen Ihre Zweitkarriere.

„Musik wird oft nicht schön gefunden,
da sie stets mit Geräusch verbunden."

WILHELM BUSCH (1832–1908), DT. SCHRIFTSTELLER

Hotel

Sie sitzen als Alleinreisender abends in der Hotelbar. Wie kommen Sie mit den anderen Gästen am besten ins Gespräch?

Fragen Sie Ihren Nachbarn, ob er das Bier bzw. den Cocktail empfehlen kann.

Es ist relativ einfach, an einer Hotelbar abends mit den anderen Gästen ins Gespräch zu kommen. Dort sitzen Menschen, die vieles gemeinsam haben, und über Gemeinsamkeiten kommen Sie leicht ins Gespräch: Sie wohnen im gleichen Hotel, Sie sind auf Reisen, Sie sind Tourist oder geschäftlich unterwegs.

„Wo kommen Sie her?", „Sind Sie geschäftlich hier?", „Wie gefällt Ihnen das Hotel?", „Wo kann man hier gut essen?" sind geeignete Gesprächseinstiege. Außerdem können Sie bei den Gästen an der Bar meist davon ausgehen, dass auch sie Kontakt suchen, was die Sache zusätzlich erleichtert. Diejenigen, die Ruhe haben wollen, verbringen den Abend in ihren Zimmern.

Humor

Sollten Sie beim Small Talk andere zum Lachen bringen?

Nicht zwangsläufig, nur wenn es die Situation ergibt.

Vorausgesetzt, Sie haben genug Selbstvertrauen und Humor, können Sie beim Small Talk eine Pleiten-, Pech- und Pannenstory erzählen. Sie ist ein bewährter Icebreaker, weil dadurch die Gesprächsatmosphäre positiv beeinflusst wird.

Wenn Menschen zusammen lachen, wirkt das entspannend auf den Körper und die Psyche. Beim Lachen wird die gesamte Muskulatur aktiviert. In Krankenhäusern werden Clowns zur schnelleren Genesung der Patienten eingesetzt. Auch Manager tummeln sich in Humorseminaren, um mit Humor effizient führen zu lernen. Außerdem gibt es in fast jeder größeren Stadt einen Lachklub, in dem Lach-Yoga angeboten wird, um fit und gesund zu bleiben.

Lachen ist sozialer Kitt!

Humor

? Ist ein Witz als perfekter Gesprächseinstieg geeignet?

! Nein, vielleicht finden nur Sie ihn witzig.

Leute, die jeden Small Talk nach dem Motto beginnen „Kennen Sie schon den?" werden eher lächerlich als witzig empfunden. Mit Witzen sollten Sie vorsichtig umgehen. Als Gesprächseinstieg sind sie nicht geeignet.

Humorvolle Bemerkungen jedoch, vor allem selbstironische, kommen beim Small Talk gut an. Sie drücken damit eine gewisse Selbstdistanz und Understatement aus, was auf Ihr Gegenüber sympathisch und vertrauensvoll wirkt.

„Aller höhere Humor fängt damit an,
dass man die eigene Person nicht mehr ernst nimmt."
HERMANN HESSE (1877–1962), DT. DICHTER

Interesse am Gegenüber

Ist es für den Small Talk wichtig, sich für andere Menschen und ihre Meinungen zu interessieren?

Ja, Interesse und Neugier sind Voraussetzungen, um neue Kontakte zu knüpfen.

Mit dem Small Talk knüpfen Sie erste Kontakte. Wer mit offenen Augen und Ohren durchs Leben und die Berufswelt geht, findet reichlich Gelegenheit dazu. Wenn Sie Spaß daran haben, Menschen kennenzulernen, sich für deren Meinungen und Besonderheiten interessieren, steht einem erfolgreichen Netzwerken nichts mehr im Wege.

Small Talk ist ein Karrierefaktor!

Internet

Sind Ihre regelmäßigen Ebay-Aktivitäten ein anregendes Small-Talk-Thema?

Ja, beim Thema Internet lassen sich viele Gemeinsamkeiten finden.

Das Thema Internet-Auktion ist kurzweilig und unterhaltsam. Oft können deren Nutzer kuriose Geschichten erzählen, die sich für den Small Talk gut eignen.

Es gibt kaum jemanden, der bei Ebay noch nichts ersteigert oder versteigert hat. Es gibt dort Kurioses und Exotisches vom Katzenklo bis zum Kaviarkühler. Gerade solche Erfahrungen versprechen ein anregendes Gespräch.

Vom Thema Ebay können Sie das Gespräch auch gut auf andere interessante Websites bringen. Selbst ein Computerabsturz ist ein kurzweiliges Thema, denn Pleiten-, Pech- und Pannenstorys kommen immer gut an.

Tipp: Empfehlen Sie Ihrem Gesprächspartner interessante Websites!

Jammern

Sie treffen Ihre Nachbarin am Gartenzaun. Sie erzählt Ihnen ausführlich, wie sie unter dem nun schon seit Wochen anhaltenden Regenwetter leidet. Wie verhalten Sie sich?

Nach kurzem Mitjammern sollten Sie das Gespräch auf ein erfreulicheres Thema lenken.

Es gibt Menschen, die sich von morgens bis abends über irgendetwas beschweren. Man kann ihnen nichts recht machen, für sie ist das Glas immer halb leer. Die besagte Nachbarin scheint zu dieser Sorte Mensch zu gehören.

Nehmen Sie solche Situationen als Herausforderung. Nachdem Sie Ihr Mitgefühl für die schlechte Laune über das Wetter ausgedrückt haben, könnten Sie versuchen, dem Gespräch eine positive Wende zu geben und der schwierigen Person ein Lächeln zu entlocken, beispielsweise durch eine Bemerkung, wie gut der Regen dem Garten tut und dass Sie sich schon freuen, bald einen englischen Rasen zu haben.

Don't: Jammern trägt beim Small Talk nicht zu einer angenehmen Atmosphäre bei.

Jugendsprache

Wie wirken Sie, wenn Sie beim Small Talk mit Jugendlichen deren Vokabular benutzen wie „geil" oder „cool"?

Erwachsene, die Wörter der Jugendlichen benutzen, wirken albern oder sogar anbiedernd.

Die Jugendsprache ist eine sehr lebendige und kurzlebige Sprache. Oft ändern sich die Modewörter alle paar Monate. Waren die Lehrer gestern noch „doof", so sind sie heute schlicht „verplant". Wenn Sie als Erwachsener versuchen, Jugendliche sprachlich zu imitieren, wirken Sie ziemlich albern, genauso albern wie eine 40- oder 50-jährige Dame mit bauchfreiem T-Shirt oder ältere Männer mit umgedreht getragenen Baseballcaps.

Die Jugendlichen möchten sich mit ihrem Outfit und ihrer Sprache zu Recht von den Erwachsenen abgrenzen und empfinden es als anbiedernd, wenn ein älterer Mensch versucht, durch sprachliche Imitation dazuzugehören. Er wird weniger respektiert als ein Erwachsener, der sich altersgemäß verhält.

Don't: Jugendsprache bei Erwachsenen wirkt albern!

Kantine

Können Sie in der Kantine mit dem Gruß „Maaahlzeit" den Small Talk mit Ihrem Kollegen einleiten?

„Guten Appetit!" klingt wesentlich stilvoller.

Der Mittagsgruß „Mahlzeit" ist weitverbreitet, deshalb aber nicht weniger scheußlich. Selbst auf der Herrentoilette ist er schon gehört worden. Als Alternativen bieten sich situationsabhängig mehrere Möglichkeiten an: „Hallo, hat's geschmeckt?", wenn Sie Ihren Kollegen nach der Mittagspause wieder im Büro treffen, oder „Guten Appetit", wenn Sie zum Essen gehen oder mit Ihrem Kollegen zusammen an einem Tisch in der Kantine sitzen.

Außerdem haben Sie mit diesen Formulierungen einen leichteren Einstieg in den Small Talk. Sie können sich kurz über das Essen austauschen und dann auf andere Themen kommen.

Don't: „Guten Appetit" wird sich heute nur noch im Familien-, Freundes- und engen Kollegenkreis gewünscht. Beim offiziellen Business Dinner ist es out.

Killerphrasen

Wie wirken Killerphrasen beim Small Talk?

Killerphrasen blockieren das Gespräch.

Killerphrasen sind verbale Angriffe, die eingesetzt werden, um den Gesprächspartner zu verunsichern oder einzuschüchtern, zum Beispiel „Haben Sie überhaupt Abitur?" oder „Davon haben Sie doch keine Ahnung!". Oft werden sie unbewusst eingesetzt. Sie zielen aber immer auf die Person, nicht auf die Sache, und sind daher äußerst unfair.

Killerphrasen blockieren das Gespräch, da sie versuchen, den anderen mundtot zu machen. Souverän und schlagfertig zu kontern, ist nicht immer ganz leicht. Eine Möglichkeit wäre, den Angreifer dazu zu bringen, seine Überlegungen, die hinter der Phrase stecken, zu benennen. Auf keinen Fall sollten Sie zum Gegenangriff übergehen.

Don't: Killerphrasen verletzen Ihren Gesprächspartner.

Kinder

Sind Kinder ein geeignetes Small-Talk-Thema?

Nicht immer, es kommt auf den Gesprächspartner an.

Kennen Sie Ihren Gesprächspartner genauer? Wissen Sie, ob er selbst Kinder hat? Wenn nicht, kann das Thema peinlich und indiskret sein. Achtung Fettnäpfchen! Sie erzählen offenherzig von Ihrer fröhlichen Kinderschar zu Hause, für Ihr Gegenüber aber ist der unerfüllte Kinderwunsch ein Problem. Für frisch gebackene junge Eltern und Großeltern gibt es allerdings kaum ein ergiebigeres Thema.

Für Karriere orientierte junge Großstädter kann das Thema einfach uninteressant und langweilig sein.

Don't: Fragen Sie Fremde beim Small Talk nicht nach ihrer Kinderzahl!

Kinder

? Sie sind bei Ihrem Chef zu Hause eingeladen und werden auch mit seinen Kindern bekannt gemacht. Worüber reden Sie mit ihnen am besten?

! Fragen Sie nach ihren Hobbys.

Kinder und auch Jugendliche erzählen gern von ihren Hobbys, ob es Fußball oder Tennis, Inlineskating, Gitarre- oder Saxofonspielen ist. Hobbys sind unverfängliche Themen und gut geeignet, eine lockere Atmosphäre im Gespräch zu schaffen.

Schulnoten sind als Small-Talk-Thema mit Kindern und Jugendlichen nicht unbedingt geeignet, denn nicht alle sind Musterschüler. Fragen Sie sie lieber nach komischen Lehrern. Da gibt es vonseiten der Schüler meist ausreichend Gesprächsstoff.

Don't: Fragen Sie Jugendliche nicht nach ihren Schulnoten! Das könnte peinlich werden, denn es gibt nicht nur Musterschüler.

Kino

Ist Ihr letzter Kinobesuch ein passendes Thema beim Business Dinner?

Auf jeden Fall. Kino ist ein gutes Small-Talk-Thema.

Sie müssen sich allerdings darüber im Klaren sein, dass Sie mit Ihrer Story vom letzten Kinobesuch Ihr Image prägen. Haben Sie einen romantischen Liebesfilm, einen Actionfilm oder eine Klamaukkomödie gesehen? Oder sind Sie Harry-Potter-Fan? Durch Kinofilme kommen Sie gut ins Gespräch, und jeder Gesprächspartner kann von seinen Lieblingsfilmen erzählen.

Wenn Sie allerdings brutale Metzelfilme mögen, sollten Sie das beim Small Talk mit Geschäftsfreunden besser verschweigen. Auch Ihre Besuche im Pornokino sollten eher unerwähnt bleiben.

Vorsicht! Mit jeder Äußerung prägen Sie beim Small Talk Ihr Image!

Kompliment

? Wie reagieren Sie, wenn Ihr Gesprächspartner Ihnen ein Kompliment zu Ihrem Aussehen macht?

Als selbstbewusster Mensch sollten Sie Komplimente lächelnd und dankend annehmen.

Die Reaktion auf Komplimente kann je nach Kulturkreis sehr unterschiedlich festgelegt sein. Während man in China dazu verpflichtet ist, ein Kompliment mehrmals zurückzuweisen, etwa mit Phrasen wie: „Ach nein!", „Sie übertreiben!" oder „Zu viel des Lobes!", ist es in Europa eher Sitte, ein Kompliment dankend anzunehmen.

Ein ehrlich gemeintes Kompliment ist eine wohlwollende und freundliche Äußerung und hat nichts mit Schmeichelei zu tun. Daher sollten Sie sich auch aufrichtig darüber freuen und diese Freude auch zeigen. Echte Komplimente sollten die Gesprächsatmosphäre verbessern.

„Von einem guten Kompliment kann ich zwei Monate leben."
MARK TWAIN (1835–1910), US-AMERIKANISCHER SCHRIFTSTELLER

Kongress

Auf einem Kongress befinden sich in einer bereits bestehenden Gesprächsgruppe für Sie wichtige Leute, die Sie gern kennenlernen würden. Wie können Sie am besten in diese Gruppe hereinkommen?

In den meisten Fällen können Sie sich einfach dazustellen und sich dann allmählich in das Gespräch einklinken.

Steht die Gruppe leicht geöffnet und redet in normaler Lautstärke, dann können Sie sich dazustellen mit einem leichten Kopfnicken als Gruß. Sie sollten erst nur freundlich lächeln, interessiert zuhören und das Gespräch nicht unterbrechen nach dem Motto „Hoppla, jetzt komm' ich". Warten Sie, bis Sie die Gelegenheit bekommen, das Wort zu ergreifen. Dann können Sie auch Ihren Namen und den Anlass, weshalb Sie hier sind, nennen.

Wenn die Teilnehmer der Gesprächsgruppe jedoch sehr eng und geschlossen zusammenstehen, leise und intensiv reden, hat es keinen Sinn, sich dieser Gruppe in diesem Moment anzuschließen. Vielleicht werden gerade vertrauliche Informationen ausgetauscht, die nicht für fremde Ohren bestimmt sind.

Krankenbesuch

? Sie besuchen einen Kollegen im Krankenhaus. Sollten Sie das Gespräch beginnen mit der Frage nach dem genauen Operationsablauf?

! Nein, die ehrlich gemeinte Frage „Wie geht es dir?" wäre passender.

Die Frage „Wie geht es dir?" sollte nicht nur eine Floskel sein, sondern sollte ehrlich und wörtlich gemeint sein. Der Fragende nimmt sich die Zeit, eine ausführliche Antwort anzuhören und sein Interesse für den anderen zu zeigen. So kann der Kranke selbst entscheiden, wie viel er von seiner Operation erzählen will.

Small Talk mit Kranken ist nicht ganz einfach. Ihr Ziel sollte sein, den Kranken ein wenig positiv zu stimmen mit Fragen nach dem Fortschritt seiner Genesung oder nach der Lektüre, die ihm Freude machen würde.

Tipp: Sprechen Sie beim Krankenbesuch positive Dinge an, die den Patienten aufmuntern!

Krankheit

Ist die Bypass-Operation Ihres Kollegen ein geeignetes Thema beim Geschäftsessen?

Das Thema „Krankheiten" ist für den Small Talk vollkommen ungeeignet, insbesondere die der anderen.

Durchfall, Darmbakterien, Hautausschläge, Verdauungsvorgänge und ähnliche unappetitliche Themen sind für die Konversation, insbesondere beim Essen, nicht geeignet. Genauso wenig eine schwierige Operation eines Kollegen, denn über andere sollten Sie nur Positives erzählen.

Es gibt allerdings auch Situationen, in denen Sie um das Krankheitsthema nicht herumkommen. Wenn beispielsweise eine ältere Kundin zu Beginn des Kundengesprächs zunächst von ihren neuesten Wehwehchen erzählen muss. In diesem Fall müssen Sie selbstverständlich interessiert zuhören, jedenfalls eine Weile. Hüten Sie sich jedoch davor, auch noch Ihre eigene Krankheitsgeschichte zum Besten zu geben!

Don't: Das Thema Krankheiten ist beim Small Talk tabu!

Krawatte

Durch eine zu lang oder zu kurz gebundene Krawatte können Sie beim ersten Eindruck Sympathie- und Kompetenzpunkte verschenken. Wo genau sollte die Krawatte enden?

Die Krawatte endet auf der Gürtelschnalle.

Bei vielen Männern endet die Krawatte leider schon ein ganzes Stück über dem Gürtel, was einen eventuellen Bauchansatz des Trägers optisch noch deutlicher erscheinen lässt. Ist die Krawatte dann noch mit „anmutigen" Motiven wie Mäusen, Bärchen oder Nikoläusen geschmückt, hat der Träger kaum noch eine Chance, im Business ernst genommen zu werden.

Eine geschmackvolle und richtig gebundene Krawatte mit dem dazu passenden Anzug hinterlässt den Eindruck von einem gut gekleideten Herrn. Ein solches Outfit vermittelt Seriosität, Kompetenz und Vertrauen.

Historisches

Ludwig XIV. beschäftigte einen eigenen „Cravatier", dem ausschließlich die Pflege des königlichen Halsschmucks oblag. Mehr noch, der Sonnenkönig machte die „Cravate" zum Zeichen des Adels und sich selbst damit zum Ahnherren der Krawatte.

Kultur

Warum sind kulturelle Themen für die Konversation besonders geeignet?

Kulturelle Themen sind vielseitig und unterhaltsam und weisen Sie als gebildeten, angenehmen Menschen aus.

Eine gewisse Allgemeinbildung, auch aus dem Bereich der Kultur, ist für die Karriere fundamental. Wer glaubt, dass Goethe im 15. Jahrhundert gelebt hat, fällt bei der Kandidatenwahl für eine anspruchsvolle Position im Business durch. Das heißt aber nicht, dass Sie sich in allen Einzelheiten der Literatur oder Kunst auskennen müssen. Für eine interessante Konversation reicht es aus, wenn Sie wichtige Eckdaten kennen, einen groben Überblick haben und hier und da ein wenig genauer Bescheid wissen.

Eine bloße Anhäufung von Wissen ist für eine Konversation nicht besonders hilfreich. Bildung soll Spaß machen und einen Bezug zum eigenen Leben haben. Mit ein paar humorvollen Storys und Anekdoten aus den Bereichen Literatur, Kunst und Musik können Sie Ihr Small-Talk-Repertoire erweitern. Anekdoten, an der richtigen Stelle ins Gespräch eingestreut, können sehr wirkungsvoll und treffend sein.

„Manche Leute werden hauptsächlich deshalb für gebildet gehalten, weil ihnen das wenige, was sie wissen, im richtigen Augenblick einfällt."

FRIEDRICH JULIUS STAHL (1802–1861), DT. RECHTSPHILOSOPH UND POLITIKER

Kundenevent

Bei einem abendlichen Kundenevent sollen Sie möglichst viele neue Kontakte knüpfen. Wie machen Sie das am besten?

Das Wichtigste sind die Lust und Neugier auf Gespräche mit unbekannten Menschen.

Empfänge und Kundenveranstaltungen werden als Kontaktbörse und zur Akquisition genutzt. Wenn Sie mit einer neugierigen und positiven Einstellung auf die Menschen zugehen, werden Sie leicht ins Gespräch kommen.

Machen Sie den ersten Schritt, indem Sie sich bekannt machen und Ihre Visitenkarte überreichen. Ein kurzes, aussagekräftiges Statement zu Ihrer Person wie beispielsweise „Ich bin Peter Müller, Rechtsanwalt von der Sozietät Müller und Co. Wir sind spezialisiert auf das Arbeitsrecht" gibt Ihrem Gegenüber die Möglichkeit, Sie richtig einzuschätzen und das Gespräch aufzunehmen.

Tipp: Lust und Neugier auf neue Kontakte sind die halbe Miete beim Small Talk.

Kundentermin

Sie haben einen wichtigen Kundentermin. Wie eröffnen Sie das Gespräch?

Beziehen Sie sich auf eine Äußerung, die der Kunde beim letzten Treffen gemacht hat.

Wer die Arbeit am Kunden ernst nimmt, führt eine Kundendatei, die als Gedächtnisstütze dient. Sie finden dort Informationen aus den letzten Gesprächen mit dem Kunden, wo er im Urlaub war, welches Fach seine Enkeltochter studiert oder welche Konzerte er gern besucht.

Ihr Kunde wird positiv überrascht sein und es als Zeichen Ihres aufrichtigen Interesses werten, wenn Sie sich solche Details aus dem letzten Gespräch gemerkt haben. So entsteht Kundenbindung, eine Verbindung, die über das Geschäftliche hinaus die persönliche Beziehung in den Mittelpunkt stellt.

Tipp: Legen Sie eine Kundendatei an mit Notizen über Vorlieben und persönliche Aussagen Ihres Kunden. So denken Sie an Geburtstage und können die Kundenbeziehung mit kleinen Aufmerksamkeiten pflegen.

Kunst

? Beim sonntäglichen Museumsbesuch treffen Sie Ihren Hausarzt.
Wie könnte der Small Talk verlaufen?

! Sie reden über die Kunstausstellung, die Sie gerade besuchen.

Als Einstiegsthemen ins Gespräch eignen sich Wetter und Anreise nicht
immer. Es zeugt nicht von großem Einfallsreichtum, immer mit dem
Wetter zu beginnen. Versuchen Sie es doch einmal mit der unmittelbaren
Umgebung. Thematisieren Sie, was Sie gerade sehen.

Wenn Sie Bekannte im Museum treffen, bietet sich dieser Einstieg gerade-
zu an, denn Sie haben offensichtlich ein gemeinsames Interesse, nämlich
Kunst, und hier sogar an einem speziellen Maler. Über den kurzen Austausch zu dem Künstler und seinen Bildern entsteht ein unverkrampfter
Small Talk, der eine angenehme Atmosphäre schafft und beide Seiten mit
dem Gefühl einer netten Begegnung zurücklässt.

Tipp: Werfen Sie regelmäßig einen Blick ins Feuilleton der Zeitung!
Kunstausstellungen, Theateraufführungen und Konzerte sind gut geeignete Themen für den Small Talk.

Lächeln

Woran erkennen Sie ein echtes Lächeln?

Beim echten Lächeln lachen die Augen mit.

Sie können ein echtes Lächeln an den Augenfalten erkennen. Selbst junge und sonst faltenfreie Menschen bekommen bei echter Erheiterung diese sympathischen Augenfältchen. Bei einem vorgetäuschten Lächeln sind die Muskeln rund um die Augen herum nicht aktiv. Oft bricht ein falsches Lächeln auch abrupt ab oder verschwindet stufenweise vom Gesicht.

Wer nicht lächeln kann, sollte kein Geschäft eröffnen.

CHINESISCHES SPRICHWORT

Lästern

Beim Small Talk lästert Ihre Kollegin über einen anderen Kollegen, der schon wieder eine neue Freundin hat. Wie reagieren Sie?

Besser das Gespräch auf ein anderes Thema lenken.

Lästern macht zwar Spaß, gilt aber als unfein und indiskret. Wenn Sie einmal Ihre Bereitschaft zum Lästern im Kollegengespräch gezeigt haben, kann derselbe davon ausgehen, dass Sie es auch ein weiteres Mal tun werden – dann mit ihm als Gegenstand der Unterhaltung.

Also besser Finger weg vom Tratsch, wenn Sie Ihren guten Ruf und Ihre Glaubwürdigkeit behalten wollen.

*„Ich kenne eine Kollegin, deren Mund – offen gestanden –
schon viel Unheil angerichtet hat."*

ROBERT LEMBKE (1913–1989), DT. FERNSEHMODERATOR UND JOURNALIST

Lautstärke

Sollten Sie beim Small Talk immer laut und deutlich sprechen, damit Sie jeder versteht?

Passen Sie Ihre Lautstärke der Ihres Gegenübers ein wenig an.

Angenommen, Ihr Gesprächspartner ist ein eher distanzierter Mensch und redet überlegt und leise, Sie hingegen verfügen über ein durchdringendes Organ, könnte es zu atmosphärischen Störungen und Missklängen beim Small Talk kommen.

Um einen guten Draht zu ihm zu finden, sollten Sie sich in Sprechtempo und Lautstärke an ihn anpassen. So schaffen Sie durch das stimmliche „Spiegeln" und durch die Modulation der Stimme eine angenehme Stimmung. Modulation der Stimme heißt dabei, die Stimme bewusst in Geschwindigkeit (schnell/langsam), Tonhöhe (hoch/tief) und Lautstärke (laut/leise) zu variieren.

Historisches:

Wer hoch stand, sprach hoch. Früher entsprach der feine Ton der Gelehrten eher der Falsettstimme. Geistliche, Offiziere, Politiker und andere Würdenträger sprachen hoch, weil sie ein hohes Amt bekleideten.

Leichtigkeit

Guter Small Talk hat eine gewisse Leichtigkeit. Wie gelingt das?

Nehmen Sie sich selbst nicht zu ernst.

Ein Small Talk sollte immer etwas Leichtes und Beschwingtes haben. Im besten Fall bedeutet er das pure Amüsement für alle Beteiligten. Rücken Sie doch mal ganz normale Dinge in andere Zusammenhänge, und schon geht ein Schmunzeln durch die Runde.

Wem spontan kreative Assoziationen zu einem Thema oder in einer Situation einfallen, der besitzt eine wichtige Voraussetzung für den Humor. Denn Humorfähigkeit hat auch immer etwas mit Kreativität zu tun.

Wer von einer Auto-Statistik (in den USA fährt fast jeder einen Wagen mit Automatikgetriebe, nur amerikanische Karrierefrauen bevorzugen Schaltgetriebe) auf Schillers „Glocke" kommt, zeigt Humor auf Profi-Niveau wie der Autor des Streiflichts in der Süddeutschen Zeitung am 24. 10. 2006: „Und drinnen schaltet die tüchtige Hausfrau …"

Wer über sich selbst lachen kann, wird am ehesten ernst genommen.

UNBEKANNT

Mimik

Wie können Sie mit Ihrem Gesichtsausdruck Interesse an den Ausführungen Ihres Gegenübers zeigen?

Hören Sie aufmerksam zu und kommentieren Sie das gerade Gesagte mit Ihrer Mimik.

Um ein gutes Gesprächsklima herzustellen, sollten Sie am Anfang einer Unterhaltung den Gesprächspartner direkt anblicken und lächeln, wobei das Lächeln sympathisch und natürlich sein sollte. Ein aufgesetztes „Cheese" ist genauso unangebracht wie ein Pokerface. Falls Sie eine Lesebrille oder eine halbe Brille haben, sollten Sie sie beim Gespräch abnehmen. Wenn Sie so über den Brillenrand schielen, könnten Sie lehrer- bis oberlehrerhaft wirken.

Im Laufe des Gesprächs bestimmt dann das Thema den Gesichtsausdruck. Die Mimik sollte sich dem jeweiligen Gesprächsinhalt anpassen. Der Gesichtsausdruck sollte das, was Sie oder Ihr Gesprächspartner gerade sagen, kommentieren. Wenn Ihr Gegenüber also gerade eine humorvolle Einlage bringt und Sie keine Miene verziehen, ist es mit der gegenseitigen Sympathie schnell vorbei.

Tipp: Spiegeln Sie Ihren Gesprächspartner in Mimik und Gestik, aber bitte nicht „nachäffen".

Monolog

? Was machen Sie, wenn Ihr Gegenüber ständig Monologe hält und Sie kaum zu Wort kommen?

! Wenn er kurz Luft holt, verabschieden Sie sich freundlich.

Bei den Langeweile und Ermüdung versprühenden Gesprächspartnern gibt es eine naheliegende Lösung: So schnell wie möglich weg! Warum sollten Sie Ihre Zeit mit langweiligen Zeitgenossen verplempern?

Wenn Sie Ihr Gegenüber allerdings für einen sehr wichtigen Menschen halten, den Sie unter allen Umständen kennenlernen möchten, müssen Sie die Geduld aufbringen, auch seine nervigen Reden auszuhalten. Als Belohnung wird er Sie sehr nett finden.

„Alle menschlichen Organe werden einmal müde –
nur die Zunge nicht."

KONRAD ADENAUER (1876–1967), DT. POLITIKER

Musik

Sie singen in Ihrer Freizeit in einem Chor und gehen gern in die Oper. Ist dies ein Small Talk Thema für's nächste Geschäftsessen?

Aber ja, das passt wunderbar.

Der Small Talk kann ganz unterschiedlich lang dauern: von 30 Sekunden im Aufzug, über fünf bis zehn Minuten als Warm-up für das Kundengespräch bis hin zu drei Stunden beim Geschäftsessen.

Kulturelle Themen sind bei einem längeren Austausch von ganz besonderer Bedeutung und bestens geeignet, auch ein Fünf-Gänge-Menü mit Bravour zu überstehen. Sie hinterlassen mit Sicherheit einen guten Eindruck, wenn Sie von Ihrem Freizeitchor und Ihren Opernbesuchen ausführlich erzählen und von da aus zu Inszenierungen und Konzerten im Allgemeinen kommen.

„Jedes Theater ist ein Irrenhaus,
aber die Oper ist die Abteilung für Unheilbare."

FRANZ VON DINGELSTEDT (1814–1881),
DT. SCHRIFTSTELLER UND THEATERINTENDANT

Nahekommen

. . . .

? Was machen Sie, wenn Ihnen Ihr Gesprächspartner immer mehr auf die Pelle rückt?

! Drehen Sie sich ein wenig weg.

Wenn Ihr Gegenüber ein Mensch mit einer „wilden Gestik" ist, weichen Sie vielleicht seinen „Annäherungen" so lange aus, bis Sie mit dem Rücken an der Wand stehen. Um dies zu verhindern, gibt es mehrere Möglichkeiten.

1. Die sanfte Methode (wirkt nicht immer): Öffnen Sie Ihre dem Gegenüber zugewandte Gesprächshaltung, indem Sie sich ein wenig wegdrehen. So redet er ins Leere und stellt im besten Fall das wilde Gestikulieren ein.

2. Verbalisieren Sie Ihre Situation mit Humor: Sagen Sie Ihrem Gesprächspartner, dass Sie gleich an der Wand angekommen sind, und schlagen Sie vor, noch einmal in der Mitte anzufangen.

3. Die harte Methode (nur bei aggressiven Menschen einzusetzen): Verringern Sie den Abstand noch mehr, indem Sie einen Schritt auf Ihr Gegenüber zugehen. Achtung: Wenn Sie viel kleiner sind als er, ist diese Methode nicht zu empfehlen!

. . . .

Tipp: Respektieren Sie das individuelle Distanzbedürfnis Ihres Gesprächspartners!

. . . .

Namen

Ist es wichtig, dass Sie sich den Namen Ihres Gesprächspartners merken und ihn auch benutzen?

Ja, den Namen zu nennen und korrekt wiederzugeben, gilt als Zeichen der Höflichkeit und Wertschätzung.

Jeder hört seinen Namen gern. Deshalb sollten Sie sich den Namen des anderen merken, auch wenn das beispielsweise bei Doppelnamen nicht immer ganz einfach ist.

Ein Name wie der der ehemaligen Justizministerin, Sabine Leutheusser-Schnarrenberger, ist für eine nette Plauderei beim Aperitif schon eine echte Herausforderung. Doch die Wertschätzung dem anderen gegenüber gebietet, auch noch so komplizierte Namen korrekt und komplett wiederzugeben. Falls Sie noch keine Visitenkarte von der Person bekommen haben, kann eine gute Eselsbrücke Ihnen helfen, sich den Namen zu merken: Wählen Sie Anhaltspunkte, die leicht zu merkende Assoziationen schaffen.

Allerdings: Kennen Sie auch die Sorte Vertreter, die Ihren Namen in jedem Satz benutzen? Das nervt nicht nur, sondern es wirkt lächerlich und anbiedernd. Es reicht, wenn Sie den Namen des Gesprächspartners zu Beginn des Gesprächs benutzen und dann ab und zu einfließen lassen.

„Ein Name ist nichts Geringes."

JOHANN WOLFGANG VON GOETHE (1749–1832), DT. DICHTER

Optimismus

? Wieso sind Sie als Optimist beim Small Talk erfolgreicher?

! Menschen mit einer optimistischen Grundhaltung wirken sympathisch und gehen leichter auf andere zu.

Sind Sie ein Optimist? Stellen Sie sich vor, beim Einkaufen im Supermarkt blickt Sie jemand mehrmals an. Was denken Sie? Geht Ihnen beispielsweise durch den Kopf: „Was will denn der von mir? Ist irgendwas komisch an mir?" oder „Anscheinend gefalle ich ihm. Soll das ein Flirt werden?"

Die Einschätzung der Situation hängt nur von der Bewertung ab. Für Optimisten ist die Flasche halb voll, für Pessimisten halb leer. So auch beim Small Talk. Optimisten wirken sympathisch, ihre Mundwinkel sind eher nach oben als nach unten gezogen und sie sind neugierig auf andere Menschen. Das erleichtert die Kontaktaufnahme und den Austausch.

Optimistisch eingestellt zu sein, lohnt sich, denn Optimisten sind nicht nur körperlich und seelisch gesünder, sondern auch beruflich und privat erfolgreicher. Gesunder Optimismus hat allerdings nichts mit „rosaroter Brille" zu tun. Er darf nicht mit einer blinden, primitiven und unrealistischen Vertrauensseligkeit verwechselt werden.

„Ein Optimist ist ein Mensch, der ein Dutzend Austern bestellt in der Hoffnung, sie mit der Perle, die er darin findet, bezahlen zu können."

THEODOR FONTANE (1819–1898), DT. ERZÄHLER

Outfit

Wie können Sie verhindern, dass Sie bei einer Veranstaltung over- bzw. underdressed sind?

Wenn kein Kleidervermerk auf der Einladung steht, wenden Sie sich an die Sekretärin des Veranstalters.

Nichts kann peinlicher sein und die Souveränität beim Small Talk nehmen, als wenn Sie bei einem gesellschaftlichen Event völlig falsch gekleidet sind. Wer hat schon das Selbstbewusstsein zu denken, dass 99 Prozent der Leute falsch gekleidet sind und nur er selbst richtig?

Auf den meisten offiziellen Einladungen finden Sie einen Kleidervermerk, den Sie jedoch erst decodieren müssen. Die Anmerkungen beziehen sich immer auf die Herrengarderobe. Die Eingeweihten wissen, was dann die Dame entsprechend trägt. So heißt zum Beispiel „dunkler Anzug" für die Dame Kostüm, Hosenanzug oder elegantes Kleid. „Black Tie oder Cravate Noir" bedeutet Smoking für den Herrn und Cocktailkleid oder kurzes Abendkleid für die Dame. „White Tie oder Cravate Blanche" heißt Frack für den Herrn und großes, langes Abendkleid für die Dame.

„Wer sich selber findet, auch bezüglich Kleidung, ist glücklich, und wer glücklich ist, ist schön."

GIORGIO ARMANI, ITALIENISCHER MODESCHÖPFER

Politik

Halten Sie die aktuelle politische Lage für ein geeignetes Small-Talk-Thema?

Nein, Politik ist ein „Don't" beim Small Talk.

Das Thema „Politik" sollten Sie beim Small Talk nicht ansprechen. Sie wissen nicht, welcher politischen Couleur Ihr Gesprächspartner ist, und so könnte es zu Differenzen kommen, wodurch die positive Gesprächsatmosphäre empfindlich gestört wäre.

Das Ziel des Small Talks ist Sympathie zu wecken und Vertrauen zu schaffen. Alle polarisierenden Themen sind daher fehl am Platz.

Es gibt jedoch Situationen, in denen Sie nicht ganz um das Thema Politik herumkommen. Beispiel: Es war gerade Landtagswahl und Ihr Kunde eröffnet am darauffolgenden Tag mit ein paar Bemerkungen dazu das Gespräch mit Ihnen. Jetzt ist diplomatisches Verhalten gefragt. Versuchen Sie mit einigen möglichst allgemein gehaltenen Bemerkungen das Thema aufzunehmen, aber vermeiden Sie, sich parteipolitisch zu outen.

Don't: Politik ist beim Small Talk tabu!

Positives Denken

Wieso gelingt Ihnen der Small Talk besser, wenn Sie ein positiv denkender Mensch sind?

Ein Mensch mit einer positiven Grundeinstellung kommt mit den verschiedensten Gesprächspartnern gut aus.

„Der Mensch ist, was er denkt", sagt man landläufig. Ein positiv denkender Mensch sieht seine Mitmenschen und seine Umwelt in einem positiven Licht. Seine Erwartungshaltung gegenüber zukünftigen Ereignissen ist positiv. Das heißt konkret für den Small Talk: Wenn Sie beispielsweise zu einer Kundenveranstaltung mit der Einstellung gehen „Das wird bestimmt wieder langweilig, ich habe ja eigentlich gar keine Lust, lauter fremde und unsympathische Menschen kennenzulernen", so wird der Event für Sie auch garantiert ein Flop. Sie strahlen etwas Negatives aus, das eine negative Rückkopplung auf Ihre Gesprächsteilnehmer hat.

Gehen Sie dagegen mit einer positiven Einstellung zu der Veranstaltung, werden Sie neue interessante Kontakte knüpfen und einen sympathischen Eindruck hinterlassen. Was Sie erwarten, tritt ein. Bewusst oder unbewusst tun Sie Dinge, die dem erwarteten Ergebnis zuträglich sind (Gesetz der sich selbst erfüllenden Prophezeiung!).

Geschichte aus Indien

Ein Hund besucht den Tempel der tausend Spiegel. Er steigt die Stufen hinauf, betritt den Tempel, schaut in die tausend Spiegel, sieht tausend Hunde, bekommt Angst und knurrt. Mit eingekniffenem Schwanz verlässt er den Tempel in dem Bewusstsein: Die Welt ist voller böser Hunde. Kurze Zeit später kommt ein anderer Hund in den gleichen Tempel. Auch er steigt die Stufen empor und geht durch die Tür. Er sieht in den Spiegeln tausend andere Hunde, freut sich darüber und wedelt mit dem Schwanz. Tausend Hunde freuen sich mit ihm und wedeln zurück. Dieser Hund verlässt den Tempel in dem Bewusstsein: Die Welt ist voller freundlicher Hunde.

Positives Image

? Mit welchen Äußerungen prägen Sie Ihr positives Image?

! Zeigen Sie Optimismus und Humor.

Die ersten Minuten des Gesprächs, Ihr Auftreten und der erste Eindruck sind ausschlaggebend. Ihr Gegenüber erfährt sehr schnell, ob Sie ein positiver, humorvoller und optimistischer Mensch sind oder eher ein Miesmacher, der alles schlechtredet. Schon wie Sie dastehen, sagt viel über Ihre innere Haltung aus. Stehen Sie aufrecht und dem Gesprächspartner zugewandt da oder eher in sich zusammengesunken mit leicht hängenden Schultern?

Mit welchen Sätzen beginnen Sie das Gespräch? Finden Sie die Veranstaltung todlangweilig und schlecht organisiert oder haben Sie schon interessante Leute kennengelernt und einen bemerkenswerten Vortrag gehört? Ist bei Ihnen das Glas eher halb leer oder halb voll?

Äußerungen, die zum einen Ihr gesundes Selbstwertgefühl und Ihren Humor zeigen und zum anderen Achtung und Respekt dem anderen gegenüber ausdrücken, prägen Ihr positives Image.

Promiklatsch

Ist der neueste Promiklatsch ein dankbares Small-Talk-Thema?

Nein, damit deklassieren Sie sich selbst als indiskret und niveaulos.

Sie outen sich als Leser der „Yellow Press", was nicht unbedingt einen seriösen oder Vertrauen erweckenden Eindruck hinterlässt. Falls Sie das Thema nicht umgehen können, lenken Sie es auf niveauvollere Aspekte wie beispielsweise karitative Aktivitäten, Filmpreise oder andere Auszeichnungen der Promis.

Im bestimmten Fällen können Sie auch mit einem Augenzwinkern erwähnen, das hätten Sie beim Friseur gelesen.

Tipp: Die diversen Autobiografien von Bohlen bis Lauterbach gehören nicht zum Kanon der Weltliteratur.

Rat, kostenloser

Auf einer Party werden Sie mit einem netten Herrn bekannt gemacht, der Arzt ist. Ist es okay, wenn Sie ihn kurz nach seiner Meinung zu Ihren chronischen Rückenschmerzen fragen?

Nein, es sei denn, er hat einen weißen Kittel an.

Wenn der Arzt auf einer Party ist, hat er keine Sprechstunde. Wenn Sie seine Beratung brauchen, sollten Sie einen Termin in seiner Praxis ausmachen. Eine Party ist kein Ort, um kostenlose Ratschläge von Fachleuten zu bekommen. Das gilt auch für Steuerberater und Juristen.

Sie sollten Ihre persönlichen Krankheiten und Wehwehchen nicht zum Gegenstand des Gesprächs machen. Wenn die Themen allerdings von allgemeinem Interesse sind, zum Beispiel medizinischer Fortschritt auf einem bestimmten Gebiet, dann können Sie den Fachmann nach seiner Meinung zum Thema fragen.

Don't: Keine kostenlosen Ratschläge einholen beim Partyplausch!

Religion

Können Sie beim Small Talk Ihren Gesprächspartner fragen, was er vom Papst hält?

Besser nicht. Religion ist beim Small Talk tabu.

Bei keinem Thema scheiden sich die Geister so wie bei der Politik und der Religion. Die Meinungen werden oft stark polarisierend und auch ideologisch vertreten. Das aber genau ist Gift für den Small Talk und widerstrebt dem Ziel, eine angenehme Atmosphäre zu schaffen.

Sie können Ihrem Gesprächspartner nicht ansehen, ob er Mormone, Atheist oder Katholik ist. Mit einer flapsigen Bemerkung über den Papst können Sie sich so schnell die Sympathien verscherzen.

Don't: Religion ist beim Small Talk tabu!

Restaurant

? Mit welchen Themen schaffen Sie eine angenehme Atmosphäre beim Restaurantbesuch mit Bekannten?

! Loben Sie das Essen und erzählen Sie von Restaurants, die Sie im Urlaub besucht haben.

Warum gehen Sie in ein Restaurant? Natürlich auch, um satt zu werden, aber eben auf eine besonders angenehme Art und Weise. Nicht nur die Qualität der Speisen und die Zusammensetzung der Gruppe sollten stimmen, sondern auch die Atmosphäre und Stimmung bei Tisch.

Sie können durch die Wahl der Themen darauf Einfluss nehmen. Wenn Sie vom gerade servierten Essen auf das Thema „Essen in anderen Ländern" kommen, lässt sich das Gespräch leicht auf den letzten oder geplanten Urlaub lenken. Das weckt bei jedem positive Assoziationen und sorgt für gute Stimmung.

„Lieber eine mit Blätterteig überbackene Trüffelsuppe zum Frühstück und eine mit Modeschmuck behängte Blondine zum Nachtmahl als tagaus, tagein nur Hausmannskost."

WOLFRAM SIEBECK, DT. GOURMETKOCH

116

Restaurant

Sollten Sie beim Small Talk mit Ihren Kollegen von Ihrem Italiener um die Ecke schwärmen?

Ja, Restaurants und Essen sind ideale Themen.

Kulinarische Genüsse, gutes Essen und alles, was dazugehört, sind bestens geeignet für den Small Talk und sehr gesprächsfördernd. Beim Plaudern mit Ihren Kollegen sind diese bestimmt dankbar für den Restaurant-Tipp. Schlagen Sie doch vor, einmal zusammen dorthin zu gehen.

Beim Small Talk während des Restaurantbesuchs könnte das Gespräch vom aktuellen Essen zu besonderen Speisen kommen, die Sie vielleicht in Restaurants auf einer Reise kennengelernt haben. Dieses Thema kann in eine ausführliche, unterhaltsame Konversation münden, die ein idealer Begleiter zum Dinner ist.

„Die Deutschen halten bei Tisch immer den Mund,
obwohl Essen der beste Gesprächsstoff ist."

WOLFRAM SIEBECK, DT. GOURMETKOCH

Ruhe ausstrahlen

Wie können Sie im Gespräch Ruhe ausstrahlen?

Vermeiden Sie hektische Bewegungen.

Menschen, die Ruhe ausstrahlen, wirken souverän und kompetent. Mit Ruhe ist allerdings nicht Schläfrigkeit gemeint, sondern eine wache, aber leicht distanzierte Konzentration auf den anderen.

Sie können aber nur dann Ruhe ausstrahlen, wenn Sie sich wohlfühlen und entspannt sind. Das bedeutet, dass jede körpersprachliche Äußerung nur Ihre innere Befindlichkeit reflektiert. Nicht besonders souverän wirken Leute, die hektische Bewegungen machen, sich am Kopf kratzen oder an ihrer Kleidung zupfen.

Tipp: Ruhe kommt von innen. Sorgen Sie für regelmäßige Entspannung!

Sauna

Ist Small Talk in der Sauna okay?

Nein, ein kurzer Gruß reicht.

Die Sauna ist ein Ort, wo besondere Diskretion angesagt ist. Jegliches „Gaffen" sollte unterbleiben, genauso wie laute Gespräche unter Freunden. Für die meisten Menschen ist die Sauna ein Ort der Entspannung und Ruhe. Das sollte respektiert werden. Daher ist Small Talk in der Sauna überflüssig und sogar tabu.

Don't: Small Talk in der Sauna ist tabu!

Schachtelsätze

? Wie wirken Schachtelsätze?

Schachtelsätze wirken ungelenk und umständlich.

Wer beim Sprechen Sätze mit vielen Nebensätzen und Einschiebungen zu formulieren versucht, läuft Gefahr, am Ende der Verschachtelungen nicht mehr zu wissen, wie er begonnen hat. Was dabei herauskommt, können wir bei manchen Politikern exemplarisch beobachten: Die Sätze werden gar nicht zu Ende geführt.

Aber selbst wenn Sie ein Profi im Formulieren sind: Die besten Gedanken nutzen nichts, wenn Ihr Gesprächspartner Ihnen nur schwer folgen kann. Lange Sätze mit Einschiebungen, trockene Ausführungen und unverständliches Vokabular strengen den Zuhörer an und er schaltet ab.

„Kürze erfordert immer mehr Mühe
als Weitschweifigkeit."
Charles Baudelaire (1821–1867), frz. Schriftsteller

Schlechter Tag

Was machen Sie bei einem gesellschaftlichen Anlass, wenn Sie einen schlechten Tag haben, sich mies und hässlich fühlen und keine Lust auf Small Talk verspüren?

Am besten bleiben Sie zu Hause.

Ganz im Ernst, wenn Sie nicht unbedingt zu diesem Event müssen, sollten Sie zu Hause bleiben. Denn mit einer Ausstrahlung wie ein eingeweichtes Knäckebrot können Sie Ihre Kunden, Geschäftspartner oder Bekannten schwer von sich überzeugen.

Haben Sie allerdings keine Chance, der Veranstaltung fernzubleiben, ist Selbstdisziplin gefragt. Sorgen Sie zunächst für ein ansprechendes Outfit und versuchen Sie dann, sich mit der Erinnerung an gute und erfolgreiche Begegnungen in eine andere Stimmung zu bringen. Das funktioniert – wenn Sie ein wenig üben – gut und zeugt von einer gewissen Professionalität.

Eine Untersuchung in den USA hat ergeben, dass zunächst verkrampftes Lächeln vor dem Spiegel allmählich in ein echtes Lächeln übergeht und die Stimmung aufhellt.

Schüchternheit

? Wie können Sie Ihre Schüchternheit beim Small Talk überwinden?

! Alltagssituationen zum Üben nutzen.

Sie gehören eher zu den introvertierten Menschen, die sich lieber zurückhalten, als im Mittelpunkt zu stehen? Dann ist der Small Talk mit Fremden für Sie wahrscheinlich eine unangenehme Situation. Sie wissen aber, dass Sie sowohl in Ihrem Job als auch privat nicht um die Kontakt knüpfenden Gespräche herumkommen.

Was ist zu tun? Wie können Sie Ihrer Schüchternheit zu Leibe rücken? Suchen Sie die Gelegenheiten, die Sie scheuen. Üben Sie den Small Talk in  unverfänglichen Alltagssituationen. Beginnen Sie ein Gespräch beim Brötchenkaufen oder an der Wursttheke. Sie werden sich wundern, wie leicht es ist, ins Gespräch zu kommen. Mit solch positiven Small-Talk-Erfahrungen werden Sie auch den Ernstfall auf dem beruflichen oder gesellschaftlichen Parkett meistern.

Tipps gegen Schüchternheit:

◆ eigene Stärken realisieren und so Selbstwertgefühl heben
◆ Small Talk vorbereiten – Einstiegsfrage überlegen
◆ sich nicht mit anderen vergleichen
◆ inneren Zensor zum Schweigen bringen

Schweiger, hartnäckiger

Ihr Gesprächspartner, ein wichtiger Neukunde, ist beim Small Talk ein besonders hartnäckiger Schweiger. Sollten Sie versuchen, ihn mit einem Witz aus der Reserve zu locken?

Besser nicht. Ihre Witze sind vielleicht nicht für jeden witzig.

Vorsicht mit Witzen! Nicht jeder hat den gleichen Humor. Versuchen Sie lieber durch offene Fragen und verschiedene Aspekte eines Themas Ihren Gesprächspartner zum Sprechen zu bringen.

Oder fragen Sie sich, warum Ihr Gegenüber so hartnäckig schweigt. Könnte es etwa auch an Ihnen liegen? Reden Sie zu viel, zu laut, mit zu wenig Distanz? Wenn Sie Ihr Verhalten dem anderen anpassen, tragen Sie zu einer positiven Gesprächsatmosphäre bei.

„Neben einem Wasserfall schweigen die Klugen."

ELSA RENTROP (1907–1994), DT. LYRIKERIN

Selbstbewusstsein

? Wieso ist es wichtig, beim Small Talk selbstbewusst aufzutreten?

Menschen mit einem gesunden Selbstbewusstsein wirken kompetent, unverkrampft und sympathisch.

Wer sich selbst mag, kann auch positiv auf andere zugehen. Der Small Talk verläuft harmonischer, wenn zwei gleichberechtigte, selbstbewusste Partner aufeinandertreffen. Mit der Einstellung „Ich bin okay – du bist okay" schaffen Sie die richtige Atmosphäre für ein sympathisches Miteinander. Fühlt sich der eine dem anderen unter- oder überlegen, wird das Gespräch schnell verkrampft.

Die Grundlagen für ein gesundes Selbstbewusstsein und ein souveränes Auftreten sind der Stolz auf die eigenen Erfolge und der Glaube an sich selbst sowie daran, persönliche Ziele auch in Zukunft erfolgreich realisieren zu können. Das bedeutet: „Ego-Pflege" ist angesagt! Stellen Sie sich morgens vor den Spiegel und werden Sie ein guter Freund von dem, den Sie sehen. Sie müssen noch Ihr Leben lang mit ihm zusammen sein.

„Jeder Mensch gilt in dieser Welt nur so viel, als wozu er sich selbst macht."

FREIHERR V. KNIGGE (1752–1796), DT. SCHRIFTSTELLER

Sitzordnung

Wie wirkt es, wenn Sie als Chef bei einer Besprechung mit Ihrem Teamleiter hinter Ihrem Schreibtisch sitzen bleiben und ihn davor Platz nehmen lassen?

Der Schreibtisch wirkt als Barrikade und blockiert ein gutes Gespräch.

Eine Sitzordnung ist immer strategisch. Der Chef hinter dem Schreibtisch symbolisiert den Machtmenschen, der seinen autoritären Führungsstil heraushängen lässt. Der Schreibtisch wirkt wie eine Barrikade und verhindert eine gute Kommunikation.

Wenn Sie ein partnerschaftliches Miteinander ausdrücken möchten und um eine angenehme Gesprächsatmosphäre bemüht sind, sollten Sie sich mit Ihrem Mitarbeiter über Eck setzen, wenn möglich an einen gesonderten Besprechungstisch.

Tipp: Setzen Sie sich über Eck! So entsteht eine angenehme Gesprächsatmosphäre.

Spiegeln

? Wie können Sie Ihrem Gegenüber nonverbal Interesse signalisieren?

! Blickkontakt und eine offene, dem Gesprächspartner zugewandte Körperhaltung signalisieren Interesse.

Wenn Sie mit Worten ausdrücken, dass Sie das, was Ihr Gesprächspartner gerade sagt, interessant finden, dabei aber von ihm weggedreht stehen und seinen Blicken ausweichen, wird er Sie als unglaubwürdig wahrnehmen. Das „Was" und das „Wie" in der Kommunikation stimmen nicht überein. Das wirkt irritierend und erzeugt Missverständnisse.

Wirkliches Interesse für den anderen drücken Sie durch Nicken, angenehmen Blickkontakt (nicht anstarren!) und eine den Partner spiegelnde Mimik aus. Damit zeigen Sie, dass Sie die Worte des anderen aufnehmen und wirklich zuhören.

„Wir haben keinen Dialog gebraucht,
wir hatten Gesichter."

BILLY WILDER (1906–2002), AMERIK. FILMREGISSEUR

Sport

In Ihrer Freizeit kicken Sie im Fußballverein. Ist dies ein geeignetes Small-Talk-Thema?

Ja, Freizeit und Sport sind immer gute Themen.

Beim Thema Freizeitsport lassen sich leicht Gemeinsamkeiten finden. Ob Sie lieber wandern, radeln, laufen oder kicken – gemeinsam ist allen Aktivitäten, dass sie an der frischen Luft stattfinden. Der Small Talk ist bei solchen Themen meist sehr entspannt, da sich jeder gern an seine Freizeitbeschäftigungen erinnert.

Wenn allerdings der leidenschaftliche Bayern-München-Fan auf einen fanatischen Vertreter einer anderen Bundesliga-Mannschaft trifft, hat das nicht mehr viel mit einer netten Plauderei über Freizeit und Sport zu tun. Hier wird knallhart polarisiert, was einer entspannten Gesprächsatmosphäre entgegenwirkt.

Don't: Polarisieren und Ideologisieren sind beim Small Talk tabu!

Sprache

? Wie schätzen Sie einen Gesprächspartner ein, der häufig „ähm" oder „äh" sagt, bevor er seine Botschaft herausbringt?

! Jemand, der häufig Füllwörter gebraucht, wirkt unsicher.

Wenn Sie einen souveränen Eindruck auf dem gesellschaftlichen Parkett machen wollen, sollten Sie typische Füllwörter wie „ähm" und „äh" aus Ihrem Wortschatz streichen. Sprechen Sie einfach ein bisschen langsamer oder halten Sie bewusst Pausen aus. Das wirkt wesentlich überlegter und überlegener als die „Ähms".

Sprache

Wie können Sie durch Sprache eine angenehme Stimmung erzeugen?

Positive und persönliche Formulierungen bewirken eine angenehme Gesprächsatmosphäre.

Mit Wörtern können Sie angenehme Stimmung schaffen, wenn Sie gewohnte Sätze der Alltagssprache positiv wandeln. So klingt beispielsweise „Sie haben aber eine komische Meinung" ganz anders als „Ich denke in diesem Punkt etwas anders". Positives Formulieren funktioniert nur, wenn Sie innerlich ausgeglichen sind und eine positive Einstellung Ihrem Gesprächspartner und dem Leben gegenüber haben: Das Glas ist halb voll, statt halb leer, der Junge ist eher praktisch begabt, als strohdumm, und wir altern nicht, sondern wir werden reifer.

Auch unpersönliche Aussagen können zu Irritation führen und sind oft ein Zeichen von Unsicherheit. Ein Beispiel für eine unpersönliche Aussage ist zum Beispiel die folgende: „Man sollte so etwas nicht machen." Wer sagt das? Ist das die Meinung des Sprechers oder die seiner Großmutter? Formulieren Sie besser persönlich und gebrauchen Sie Ich-Aussagen! So sind Ihre Persönlichkeit und Ihre Meinung erkennbar und Sie gewinnen Souveränität und Überzeugungskraft.

Tipp: Formulieren Sie positiv!

Sprache

?
Sie haben einen Gesprächspartner, der in jedem zweiten Satz „eigentlich" sagt. Wie wirkt das?

Es wirkt wenig klar und selbstbewusst, als ob der Sprecher nicht wirklich weiß, was er sagen will.

Wörter wie „eigentlich", „irgendwie", „sozusagen" (regional auch „ichsachmal") und auch der häufige Gebrauch des Konjunktivs wie „ich würde meinen" oder „ich würde sagen" sind sprachliche „Weichmacher".

Damit hinterlassen Sie einen sprachlich schwammigen Eindruck, denn die Sprache wird unnötig kompliziert und nur scheinbar volltönend, in Wirklichkeit jedoch aufgeblasen und leer. Heiße Luft und nicht mehr, weil der Sender der Botschaft meist nicht viel zu sagen hat.

Tipp: Vermeiden Sie sprachliche „Weichmacher" und Floskeln.

Sprechtempo

Wie verhalten Sie sich, wenn Ihr Gesprächspartner ein sehr gemächliches Sprechtempo hat, Sie selbst aber als Norddeutscher sehr schnell sprechen?

Wenn Sie einen guten Draht zu Ihrem Gegenüber aufbauen wollen, sollten Sie Ihr Tempo ein wenig herunterfahren.

Das Sprechtempo eines Menschen ist sehr stark davon abhängig, in welcher Gegend Deutschlands er groß geworden ist. Es gibt ein Nord-Süd-Gefälle, was die Anzahl der gesprochenen Wörter pro Minute angeht. Doch nicht alle Süddeutschen, die langsam sprechen, denken auch langsam. Hier sollte nicht Quantität mit Qualität verwechselt werden.

Darüber hinaus hängt das Sprechtempo auch mit dem Temperament zusammen. „Schnellsprecher" sollten sich beim Small Talk mit einem eher bedächtigen Menschen ihrem Gegenüber im Tempo anpassen, um eine angenehme Atmosphäre zu schaffen und die gleiche Wellenlänge zu finden.

Tipp: Passen Sie Ihr Sprechtempo dem Ihres Gesprächspartners an!

Stimme

? Wie wirkt Ihre Stimme sympathisch?

! Vermeiden Sie monotones Sprechen!

Stimme und Tonfall bestimmen zu über 30 Prozent Ihrer Wirkung auf den Gesprächspartner. Die Stimme ist der Spiegel der Persönlichkeit. Sie prägt das Bild, das Sie anderen von sich vermitteln. Der Ton macht die Musik. Wenn Sie etwas sagen, was Sie nicht meinen, verrät Ihre Stimme mehr über Ihre innere Einstellung als Ihre Worte. Sie verrät auch etwas über Ihren Charakter, ob extrovertiert oder introvertiert, und sie spiegelt Ihre jeweilige Stimmung wider.

Am Telefon zum Beispiel gewinnen Sie sehr schnell einen Eindruck von einer Person allein über die Stimme. Die innere Stimmung hört man. Ein gestresster, verärgerter, müder Mensch klingt anders als ein begeisterter, fröhlicher Gesprächspartner.

Voraussetzungen für den optimalen Einsatz der Stimme sind die richtige Körperhaltung und die richtige Atmung. Die Bauchatmung gibt der Stimme Resonanz, sie wirkt stärker und wärmer. Nicht die Stimmlage entscheidet über die Sympathie oder Antipathie des Zuhörers, sondern es sind die Melodik und Modulation einer Stimme. Und das kann jeder trainieren.

5 Powertipps für die Stimme:

1. Aufrechte Haltung einnehmen!
2. Resonanzräume öffnen (gähnen)!
3. Artikulationsmuskeln trainieren (Grimassen schneiden)!
4. Bauchatmung aktivieren (lachen, kurz husten)!
5. Positive Stimmung schaffen (an etwas Schönes denken)!

Störungen

Auf einer Vernissage sind Sie in ein anregendes Gespräch mit einem Besucher vertieft. Ein anderer Gast drängt sich ziemlich indiskret in Ihr Gespräch. Wie reagieren Sie?

Ignorieren Sie seine Unhöflichkeit und beziehen Sie ihn ins Gespräch mit ein.

Sie könnten ihm natürlich auch freundlich oder oberlehrerhaft klarmachen, dass er Ihr Gespräch stört. Zeigen Sie sich jedoch großzügig und generös, indem Sie seine Unhöflichkeit übergehen, wirkt das wesentlich souveräner. Schließlich ist eine Vernissage auch keine geheime Zusammenkunft von Verschworenen, sondern ein gesellschaftlicher Event mit lockerem Small Talk.

Don't: Die Unhöflichkeit eines Zeitgenossen sollten Sie nicht mit einer weiteren Unhöflichkeit Ihrerseits toppen.

Suggestivfragen

? Wie wirken Suggestivfragen?

! Suggestivfragen wirken unangenehm, da die Antwort gleich mitgeliefert wird.

Suggestivfragen sind Fragen, bei denen der Gesprächspartner zu einer gewollten Antwort provoziert wird, zum Beispiel: „Fanden Sie den Film gestern auch so schlecht?"

Suggestivfragen sind also keine tatsächlichen Fragen, sondern eine Aufforderung dazu, die gestellte Frage in vorgegebener Weise zu beantworten. Sie wirken unangenehm und unfair, da sie den Gesprächspartner in gewisser Weise „entmündigen", indem sie ihm die Antwort schon mit der Frage „in den Mund legen". Die Frage verrät meistens mehr über denjenigen, der sie stellt, als über denjenigen, der sie beantworten soll.

Ob ein Mensch klug ist, erkennt man an seinen Antworten.
Ob ein Mensch weise ist, erkennt man an seinen Fragen.
NAGIB MACHFUS, ÄGYPT. SCHRIFTSTELLER, 1988 NOBELPREIS FÜR LITERATUR

Supermarkt

Freitagabend an der Kasse Ihres Supermarktes: Sie stehen in der Schlange. Mit welchem Gesprächsstoff könnten Sie sich die Wartezeit mit Ihrem/Ihrer attraktiven „Hintermann/-frau" verkürzen?

Fragen Sie ihn/sie, ob er/sie die Flasche Sekt im Einkaufswagen allein trinken will.

Wenn sich die Person auf die Frage einlässt und eine schlagfertige Antwort gibt, haben Sie vielleicht sogar ein Date für den Abend. Aber Vorsicht! Leute, die keinen Spaß verstehen, könnten Ihnen das auch als plumpe Anmache auslegen.

Auf jeden Fall ist der Supermarkt ein idealer Ort zum Üben von Small Talk und zum Knüpfen von Kontakten. Sie sind regelmäßig dort, kennen vielleicht schon die eine oder andere Verkäuferin oder auch Kunden, die regelmäßig dort einkaufen. Wenn Sie die nötige Offenheit und Freundlichkeit mitbringen, ergibt sich schnell eine kleine Plauderei über die Qualität der Ware, leckere Rezepte oder weitere Einkaufsmöglichkeiten.

Nur Äktschen bringt Sätisfäktschen.

Graffiti-Spruch auf einer Hauswand

Sympathie

! Sympathie gewinnen Sie, wenn Sie authentisch auftreten.

Menschen mit authentischem Auftreten besitzen Anziehungskraft und Überzeugungsfähigkeit. Authentizität heißt: Ihr Verhalten ist stimmig, Sie geben sich so, wie Sie sind, und spielen keine Rolle. Authentische Menschen wirken deshalb sympathisch, weil bei ihnen das, was sie sagen, mit dem, wie sie es sagen, übereinstimmt.

Don't: Arroganz und Angeberei sind Sympathiekiller.

Tabu-Themen

Wie reagieren Sie auf Tabu-Themen beim Small Talk?

Versuchen Sie zu einem anderen Thema überzuleiten.

Das gelingt Ihnen am besten, indem Sie einen Punkt Ihres Gegenübers aufgreifen, von dem aus Sie dann das Thema verallgemeinern oder fokussieren.

Ein Beispiel für's Fokussieren ist dieses: Jemand erzählt Ihnen von einer unappetitlichen Krankheit beim Essen. Sie fragen höflich nach, bei welchem Arzt er in Behandlung ist, dann lenken Sie das Gespräch auf die Wohngegend, in der sich die Arztpraxis befindet. Und schon sind Sie – wenn Sie Glück haben – beim Thema Wohnen, Freizeit- und Einkaufsmöglichkeiten.

Tipp: Themenwechsel bei Tabu-Themen durch Generalisieren und Fokussieren!

Theater

Sie sind mit Ihrer Partnerin im Theater. In der Pause sehen Sie Ihren Chef mit einer Frau bei einem Glas Sekt. Wie verhalten Sie sich?

Grüßen Sie freundlich und warten Sie ab, ob er Gesprächsbereitschaft signalisiert.

Überlassen Sie Ihrem Chef die Entscheidung, ob es beim freundlichen Grüßen bleibt oder ob er für eine kleine Plauderei mit Ihnen bereit ist. In diesem Fall sollten diejenigen, die sich noch nicht kennen, miteinander bekannt gemacht werden.

Der Small Talk im Theaterfoyer könnte mit dem Satz: „Wie gefällt Ihnen die Aufführung?" beginnen. Ob Sie nun auf die Schauspieler, die Inszenierung oder das Stück selbst zu sprechen kommen – es gibt genügend geeigneten Gesprächsstoff bei Theaterbesuchen.

Theater

Sie gehen leidenschaftlich gern ins Theater und besitzen ein Theaterabonnement. Würden Sie beim Small Talk darüber reden?

Ja, mit kulturellen Themen liegen Sie immer richtig.

Wenn Sie ein regelmäßiger Theaterbesucher sind, haben Sie ein umfangreiches Repertoire an kulturellen Themen, die für den Small Talk besonders geeignet sind. Sie sind unverfänglich und unterhaltsam, sie zeugen von Bildung und feiner Lebensart. In bestimmten Kreisen gelten sie noch heute als Eintrittskarte.

Als Theaterabonnent bekommen Sie den Querschnitt des gesamten Programms geboten, von der Boulevardkomödie bis zum Schillerdrama. Das sorgt für Gesprächsstoff mit jedem kulturinteressierten Gesprächspartner.

Kulturelle Bildung gehört zu den Schlüsselqualifikationen!

Themen, unbekannte

? Was machen Sie, wenn beim Small Talk in der Gruppe Themen besprochen werden, von denen Sie keinen blassen Schimmer haben?

! Outen Sie sich als Laie und fragen Sie nach.

Durch Fragen – wenn Sie einigermaßen intelligent gestellt sind – können Sie sich als guter Zuhörer erweisen. Außerdem wirkt eine ehrliche und offene Art meistens sympathisch.

Wenn Ihnen das allerdings dreimal im Verlauf eines Gesprächs passiert, sollten Sie Ihre Allgemeinbildung einmal einem kritischen Check unterwerfen.

Tipp: Bei einem unbekannten Thema sollten Sie lieber nachfragen als so zu tun, als ob Sie Bescheid wüssten.

Tiere

Ist Ihr Goldfisch ein geeignetes Einstiegsthema beim Small Talk mit Ihrem Chef?

Lieber nicht, Sie ruinieren Ihr Image.

Leute, die schon beim Gesprächseinstieg über Goldfische sinnieren, könnte man für leicht exotisch halten, manche würden vielleicht sogar auf eine Kommunikationsstörung schließen. Nichts gegen Ihren Goldfisch! Haustiere sind grundsätzlich ein gutes Small-Talk-Thema, vor allem mit Gesprächspartnern, die auch Haustiere haben. Und wenn es dann auch noch die gleiche Sorte ist, bekommen Sie schnell die Sympathien Ihres Gegenübers.

Beim Gespräch mit Ihrem Chef sollten Sie aber doch eher Themen bevorzugen, die Sie als kommunikationsstark und teamfähig erscheinen lassen. Vielleicht spielen Sie in einer Volleyballmannschaft mit oder in einem Orchester?

Tipp: Hobbys wie Sport und Musik sind gut geeignete Themen für den Small Talk.

Tiere

Sie sind Hundeliebhaber und verbringen viel Zeit mit Ihrem Hund. Sind Haustiere ein gutes Thema für den Small Talk?

Nicht immer, es kommt auf den Gesprächspartner an.

Bei dem Thema Hund scheiden sich die Geister. Für die einen sind Hunde die besten Freunde des Menschen, anderen sind Hunde ziemlich egal oder sie ärgern sich über die von Hunden verursachte Verschmutzung von Gehwegen und Parks.

Bei Menschen, die schon einmal von einem kräftig gebauten Rottweiler ungewollt beschnüffelt und mit dem typischen Satz „Der macht nichts!" beruhigt wurden, sind Hunde kein gutes Thema.

Treffen Sie allerdings auf ein Gegenüber, für den ein Leben ohne seinen Hund nicht vorstellbar wäre, haben Sie das ideale Gesprächsthema. Auch mit einem wildfremden Menschen finden Sie so schnell eine vertraute Gesprächsebene.

Achtung: Katzenliebhaber sind meist keine Hundeliebhaber. Versuchen Sie also möglichst schnell herauszubekommen, zu welcher Fraktion Ihr Gesprächspartner gehört.

Die Katze ist ein freier Mitarbeiter, der Hund ist ein Angestellter.

UNBEKANNT

Unverschämtheit

Was machen Sie, wenn Ihr Gesprächspartner beleidigend oder unverschämt wird?

Lenken Sie das Gespräch auf eine andere Ebene oder beenden Sie es so schnell wie möglich.

Wenn der Gesprächspartner für Sie beruflich oder privat wichtig ist, sollten Sie versuchen, das Gespräch auf eine andere Ebene zu lenken. Falls das nicht funktioniert, können Sie immer noch das Gespräch beenden.

Lassen Sie sich keine Unverschämtheiten bieten. Sagen Sie Ihrem Gegenüber deutlich, dass Sie sich auf diesem Niveau nicht unterhalten möchten, oder regen Sie an, die „Gesprächskultur" zu überprüfen.

Nehmen Sie auf keinen Fall eine Rechtfertigungshaltung ein und unterlassen Sie auch Gegenangriffe mit weiteren Beschimpfungen. Damit begeben Sie sich nur auf das gleiche niedrige Niveau wie Ihr Gegenüber.

„Mit dem Geist ist es wie mit dem Magen: Man sollte ihm nur Dinge zumuten, die er verdauen kann."

WINSTON LEONARD SPENCER CHURCHILL (1874–1965), BRIT. STAATSMANN

Urlaub

? Sie lieben Italien als Urlaubsland besonders. Ist das ein geeignetes Thema?

! Ja, auf jeden Fall.

Urlaub ist ein wunderbares Thema für den Small Talk. Jeder kann etwas dazu sagen, es entsteht eine angenehme Atmosphäre, weil der Urlaub für die meisten mit positiven Assoziationen verbunden ist.

Gerade Italien ist eines der beliebtesten Urlaubsländer der Deutschen. Hier können Sie gemeinsam ins Schwärmen kommen, sei es über die Kultur, die Natur oder die Küche.

Tipp: Urlaub und Reisen gehören zu den Top-Themen beim Small Talk!

Verabschieden

Als Gast möchten Sie sich verabschieden. Wie gehen Sie vor?

Bedanken Sie sich beim Gastgeber mit ein paar netten Worten.

Wenn Sie auf einer Party eingeladen sind, sollten Sie nicht kürzer als zwei Stunden bleiben, da Ihnen eine „Stippvisite" als Desinteresse oder gar Arroganz ausgelegt wird. Allerdings sollten Sie auch die diskreten Anzeichen des Gastgebers für den Aufbruch sensibel aufnehmen. Das kann beispielsweise das Servieren eines letzten Espressos oder Kaffees sein. Es macht keinen guten Eindruck, wenn Sie zu denjenigen gehören, die kein Ende finden.

Sie sollten sich beim Gastgeber persönlich verabschieden und sich dabei für den netten, interessanten oder unterhaltsamen Abend bedanken. Als besonders höflich gilt, wenn Sie am nächsten Tag durch ein kurzes Telefonat oder E-Mail Ihre positive Rückmeldung zum gestrigen Abend ausdrücken.

„Ein guter Abgang ziert die Übung."

FRIEDRICH VON SCHILLER (1759–1805), DT. DICHTER

Verkaufsgespräch

Welchen Platz sollten Sie einem wichtigen Kunden beim Verkaufsgespräch anbieten?

Der beste Platz ist der, bei dem man das Licht im Rücken hat.

Ist Ihnen Ihr Kunde wichtig? Wollen Sie, dass er sich wohlfühlt? Dann bieten Sie ihm den Platz an, bei dem er nicht ins Licht schauen muss, das heißt,
dass er mit dem Rücken zum Fenster sitzt. So wird er nicht geblendet und
kann darüber hinaus Ihre Mimik genauestens beobachten, wenn Sie in
Blickrichtung zum Fenster sitzen.

Wollen Sie in einem Verkaufsgespräch ein wenig pokern, sollten Sie sich
selbst den Platz mit dem Licht im Rücken aussuchen. Überlegen Sie sich
also genau, was Sie beabsichtigen, denn die Sitzordnung ist immer strategisch.

Tipp: Licht im Rücken = Bester Platz!

Vernetzen

Bei einem Stehempfang sollten Sie als Gastgeber möglichst mit allen Gästen kurz gesprochen haben. Wie können Sie dann Ihre Gäste untereinander am besten vernetzen?

Machen Sie Ihre Gäste untereinander bekannt, indem Sie zusätzlich zum Namen noch eine kurze, unverfängliche Anmerkung zu dessen Position, Hobby oder Lieblingsurlaubsland machen.

Small Talk funktioniert am besten, wenn die Gesprächspartner Gemeinsamkeiten finden. Sie wissen als Gastgeber einiges über Ihre Gäste: Der eine fährt jedes Jahr nach Italien, der andere ist passionierter Segler und der Dritte geht vielleicht gern in die Oper. Wenn Sie Verbindungen und Gemeinsamkeiten zwischen Ihren Gästen beim Bekanntmachen erwähnen, fällt es den Gesprächspartnern leicht, den Faden aufzunehmen und ins Gespräch einzusteigen.

Nicht salonfähig!

Den „Anti-Small-Talker" George Bernhard Shaw (1856–1950, irischer Satiriker) sah man auf Partys häufig im Selbstgespräch. Auf die Frage, warum, antwortete er: „Ich unterhalte mich gern mit intelligenten Leuten."

Vernissage

? Bei einer Vernissage in Ihrer Bankfiliale treffen Sie eine Kundin. Wie eröffnen Sie den Small Talk?

Fragen Sie sie, wie ihr die Bilder gefallen.

Wenn Ihre Kundin zur Eröffnung der Ausstellung kommt, können Sie davon ausgehen, dass sie sich ein wenig für Kunst interessiert. Ermuntern Sie sie durch Ihre Fragen, ihre Meinung zum Künstler und ihr Wissen zum Thema Kunst im Allgemeinen loszuwerden.

Die meisten Menschen hören sich gern selbst reden und sind dankbar für aufmerksame Zuhörer. So können Sie Sympathiepunkte bei Ihren Kunden sammeln und erhalten oft nebenbei noch wichtige Informationen, die Sie in Ihrem nächsten Beratungsgespräch verwerten können.

„Bei Leuten, die etwas von der Kunst verstehen,
bedarf es keiner Worte. Man sagt „Hm! Ha!" oder „Ho!",
und damit ist alles ausgedrückt."

EDGAR DEGAS (1834–1917), FRZ. MALER UND BILDHAUER

Verspätung

Sie sind zum Abendessen bei einem Kollegen eingeladen und kommen eine halbe Stunde zu spät. Wie verhalten Sie sich?

Eine ehrliche Entschuldigung oder eine glaubwürdige Ausrede ist angebracht.

Pünktlichkeit wird in unseren mitteleuropäischen Kreisen als die Achtung vor der Zeitplanung anderer gesehen. Deshalb sollten Sie sich schon entschuldigen und auch einen Grund Ihrer Verspätung nennen, wenn Sie zur angegebenen Zeit nicht da sind.

Gerade bei einer Einladung zu einem warmen Abendessen ist es sehr unhöflich, nicht pünktlich zu sein, da die Gastgeber den zeitlichen Ablauf des Essens meist genau geplant haben. Zu früh zu kommen, wäre genauso unhöflich, vielleicht ist der Gastgeber noch mit der Vorbereitung beschäftigt. Fahren Sie lieber noch dreimal um den Block.

Bei einer Party geht es viel lockerer zu. Hier kann das Essen nicht kalt werden und die Gäste kommen ab einer bestimmten Zeit und nicht unbedingt zu einer bestimmten Zeit.

Pünktlichkeit ist die Achtung vor der Zeitplanung anderer.

Vertraulichkeit

? Würden Sie beim Small Talk mit sehr mitteilsamen Menschen auch
Ihr Herz ausschütten?

! Besser nicht, der Small Talk ist keine Therapiestunde!

Bei besonders mitteilsamen Menschen ist Vorsicht geboten. Der Small Talk
rutscht leicht in Indiskretion ab. Besonders wenn Alkohol im Spiel ist, wird
das Mitteilungsbedürfnis bei vielen Menschen größer, die Zunge ist
gelockert.

Überlegen Sie sich vorher, wem Sie wie viel erzählen wollen. Ein Small-
Talk-Profi hat die Kontrolle über das Gespräch und übt Zurückhaltung,
wenn nötig. So vermeiden Sie, dass Sie Dinge sagen, die Ihnen hinterher
leidtun. Herzlichkeit ja, aber keine Therapiestunde!

„Wer oft sein Herz ausschüttet, darf sich nicht wundern,
dass es allmählich leer wird.“

RUTH LEUWERIK, DT. SCHAUSPIELERIN

Visitenkarte

Im Job ist es üblich, zu Beginn des Gesprächs die Visitenkarte zu überreichen. Was machen Sie, um einen fließenden Übergang in den Small Talk zu finden?

Lesen Sie die Visitenkarte Ihres Gesprächspartners genau und nehmen Sie beispielsweise die Stadt als Anknüpfungspunkt für den Small Talk.

Eine Visitenkarte, die Sie erhalten, sollten Sie nicht ungelesen weglegen und auf keinen Fall in die Gesäßtasche stecken. Damit würden Sie Ihren Gesprächspartner beleidigen. Beschriften Sie die Karte auch nicht in Anwesenheit ihres Besitzers. Sie können die Karte in die Jackentasche Ihres Sakkos stecken, besonders stilvoll jedoch wäre ein Etui für Businesskarten.

Die Visitenkarte ist ein idealer Aufhänger für den Small Talk. Wenn Sie die Karte aufmerksam lesen, finden Sie immer einen Anknüpfungspunkt für den Small Talk. Zum Beispiel: „Ich sehe, Sie kommen aus Hamburg. Da habe ich studiert." Bei einem etwas ausgefallenen Namen bietet sich dieser auch als Aufhänger an: „Spreche ich Ihren Namen richtig aus?" Und schon sind Sie mitten im Warm-up-Gespräch.

Don't: Visitenkarten nicht ungelesen wegstecken.

Visitenkarte

Sie möchten einen fremden Menschen auf einer Party ansprechen. Ist es üblich, die Visitenkarte bei der ersten Begegnung zu überreichen?

Nein, auf privaten Veranstaltungen nicht, beruflich ja.

Die Visitenkarte wird nur im geschäftlichen Bereich zu Gesprächsbeginn ausgetauscht. Im privaten Kreis sollten Sie warten, bis sich eine entsprechende Gelegenheit ergibt. Wenn Sie auf einer Party einen netten Small Talk mit einem Fremden hatten, den Sie gern wiedersehen würden, ist es durchaus üblich, zum Ende des Gesprächs die Visitenkarten auszutauschen. Das macht auf jeden Fall einen besseren Eindruck als ein Adressengekritzel auf einem Fetzen Papier.

Im Business hingegen werden die Visitenkarten meist zu Beginn des Gesprächs, gleich nach der Begrüßung, ausgetauscht. Dabei sollten Sie beim Entgegennehmen der Karte sowohl dieselbe als auch deren Besitzer anschauen. Also nicht ungelesen wegstecken.

Tipp: Nehmen Sie immer ausreichend Visitenkarten mit, auch wenn Sie eine private Veranstaltung besuchen! Sie wissen nie, wer Ihnen dort begegnet.

Vorbereiten

Wie können Sie sich auf einen Small Talk vorbereiten?

Regelmäßig Zeitung lesen und für den Small Talk taugliche Informationen herausfiltern.

Small Talk vorbereiten? Ja, intelligenter Small Talk braucht Vorbereitung! Lesen Sie regelmäßig Zeitung und schauen Sie nicht nur in den Politik- und Wirtschaftsteil, sondern auch mal ins Feuilleton oder in die Wissenschaftsbeilage. Lesen Sie die Zeitung selektiv, das heißt, filtern Sie die Katastrophenmeldungen, den Promiklatsch und politische Themen heraus.

Gut geeignet und unverfänglich sind Themen aus dem kulturellen Bereich oder auch wenn Sie über Sport, Freizeit und Reisen reden. Gut informierte Leute sind in der Lage, zu den meisten Themen, wenn nicht mit einer eigenen Meinung, dann wenigstens mit intelligenten Fragen aufzuwarten.

Tipp: Pflegen Sie Ihren individuellen Wissenspool regelmäßig!

Wartezimmer

Sie sind ein freundlicher Mensch und wollen im Wartezimmer des Arztes die steife Atmosphäre durch ein paar nette Worte auflockern. Wie beginnen Sie?

Sagen Sie freundlich lächelnd „Guten Tag" und fragen Sie, ob der Stuhl noch frei ist.

Das Wartezimmer des Arztes ist nicht gerade ein Ort, wo besonders gut gelaunte Menschen zusammentreffen. Der eine oder andere hat vielleicht Schmerzen oder zumindest Sorgen um seine Gesundheit. Umso dankbarer wird es aufgenommen, wenn Sie freundlich grüßen und vielleicht sogar noch ein paar Worte mit Ihrem Sitznachbarn wechseln über die Wartesituation allgemein, den Arzt, der Ihnen empfohlen wurde, oder die ausliegende Lektüre.

Don't: Erzählen Sie im Wartezimmer keine ausführlichen Krankheitsgeschichten und fragen Sie auch nicht danach!

Zeitgeschehen

Ist es für den Small Talk wichtig, über das aktuelle Zeitgeschehen informiert zu sein?

Ja, so können Sie bei allen möglichen Themen mitreden.

Es ist ein Trugschluss anzunehmen, beim Small Talk ginge es nur um oberflächliche Themen. Durch Ihre Äußerungen prägen Sie Ihr Image. Ein gut informierter Mensch ist ein interessanter Gesprächspartner. Mit einem breiten Wissen können Sie zu allen möglichen Themen etwas beitragen und somit einen guten Eindruck hinterlassen. Allerdings sollten Sie nicht das Ziel des Small Talks aus den Augen verlieren, nämlich eine angenehme Atmosphäre zu schaffen. Das bedeutet, dass polarisierende Themen beim Small Talk tabu sind.

Tipp: Lesen Sie die Zeitung „selektiv", um sich auf den Small Talk vorzubereiten. Sortieren Sie die Katastrophen und polarisierenden Themen aus.

Zugfahrt

Im ICE sitzt Ihnen eine sympathisch wirkende ältere Dame gegenüber. Wie kommen Sie am besten mit ihr ins Gespräch?

Machen Sie eine Bemerkung über die Vorzüge des Zugfahrens.

Beginnen Sie mit einem Satz wie: „Ich genieße jedes Mal das Zugfahren, wie die Landschaft vorbeizieht, keine Staus und kein Stress auf der Straße. Außerdem bin ich schneller am Ziel als mit dem Auto." Ihr Gegenüber findet so leicht einen Anknüpfungspunkt, um den Small Talk fortzuführen.

Oft entwickeln sich so interessante Gespräche, mit denen vielleicht sogar der Grundstein für eine künftige Geschäftsbeziehung gelegt wird, wenn am Ende des Gesprächs die Visitenkarten ausgetauscht werden. Wer weiß, vielleicht hat Ihre Gesprächspartnerin einen Sohn, der genau im Vorstand der Firma sitzt, bei der Sie schon lange einen Job suchen.

Tipp: Gute Netzwerker sind auch in ihrer Freizeit aktiv.

Zuhören

Wie wichtig ist das Zuhören beim Small Talk?

Sehr wichtig, weil Sie so Ihrem Gesprächspartner Aufmerksamkeit und Respekt entgegenbringen.

Zuhören heißt, dem Gesprächspartner die volle Aufmerksamkeit zu schenken und dabei nicht nur auf den Inhalt, sondern auch auf die Zwischentöne zu achten. Als aktiver Zuhörer versuchen Sie, sich in den anderen hineinzuversetzen. Durch Körperhaltung, Blickkontakt und Reaktion teilen Sie dem Gesprächspartner mit, dass es im Moment nichts Wichtigeres gibt als ihn. Also keine Unterlagen ordnen während des Gesprächs und nicht auf die Uhr schauen!

Ihr Interesse und Ihre Anteilnahme an den Gedankengängen Ihres Gegenübers können Sie darüber hinaus verbal ausdrücken, indem Sie gezielt nachfragen, seine Äußerungen mit eigenen Worten wiedergeben (paraphrasieren) und zusammenfassen.

„Zu reden ist uns ein Bedürfnis, zuzuhören eine Kunst."
JOHANN WOLFGANG VON GOETHE (1749–1832), DT. DICHTER

Zuhören

? Was bedeutet „soziales Grunzen" und wieso ist es beim Small Talk wichtig?

„Soziales Grunzen" nennt man die bestätigenden Äußerungen beim Zuhören wie „hm" und „ah", ohne die der Gesprächspartner verunsichert wäre.

Wenn Sie einen Gesprächspartner haben, der absolut schweigend zuhört, ohne einen einzigen Laut von sich zu geben, fühlen Sie sich irritiert. Sie wissen nicht, ob der andere noch bei der Sache ist und noch zuhört. Beim Telefongespräch wäre die Verunsicherung noch größer, da die Körpersprache wegfällt.

Der Grund der Irritation: Das „soziale Grunzen" fehlt. „Hm", „Ah" oder „Ich verstehe" sind die kurzen bestätigenden Laute, die signalisieren „Ich höre zu". Fehlen diese, führt das zu Missverständnissen in der Kommunikation. Verbale und auch nonverbale Verstärker wie Nicken und Spiegeln der Mimik erleichtern das Verständnis füreinander.

Übertreiben sollten Sie es allerdings mit dem sozialen Grunzen nicht, sonst klingt es wie das Loriot'sche „Ach was".

Don't: Regungsloses, absolut stummes Zuhören – das verwirrt Ihren Gesprächspartner.

Zweideutigkeiten

Wie reagieren Sie auf Gesprächsteilnehmer, die zweideutige Bemerkungen machen?

Am besten mit Humor und Schlagfertigkeit.

Wenn Sie auf Anspielungen oder Anzüglichkeiten mit einer witzigen, ironischen Bemerkung reagieren, zeigen Sie Souveränität. Sie lassen sich nicht aus der Ruhe bringen, Sie bleiben cool, Sie haben die nötige Distanz und lassen sich nicht von irgendwelchen geschmacklosen Typen aus der Fassung bringen.

„Humor ist der Knopf, der verhindert,
dass uns der Kragen platzt."

JOACHIM RINGELNATZ (1883–1934), DT. SCHRIFTSTELLER UND MALER

Stichwortverzeichnis

Abstand 9, 39, 73, 106

Allgemeinbildung 95, 139, 140, 153

Anekdoten 95

anfassen 10

Angeberei 11, 57, 136

Anreise 12, 13, 19, 25, 45, 98

ansprechen 14, 152

Arroganz 15, 136

Arztbesuch 154

Assoziationen 107

Assoziieren 64

Atmosphäre, gute 17, 21, 26, 131

Aufmerksamkeit 33, 42, 43, 157

Aufzug 15, 16, 105

ausfragen 17

Aussprache 18

Auto 20

Autofahrt mit Kunden 19

Bauchatmung 132

Beerdigung 22

Begräbnis 22

Begrüßung 23, 24

Bewerbungsgespräch 12, 25, 43

Blickkontakt 21, 23, 26, 27, 43, 46, 126, 157

Bodyfeedback 28

Brille 103, 108

Bücher 29

Business Dinner 30, 85, 93, 105

Business Lunch 31

Business Talk 32

Charaktertypen 33

Chef 15, 22, 88, 125

Desinteresse 15, 23, 34

Dialekt 35

Diskretion 24, 36, 119, 150

Distanz 39

Distanzzone 9

duzen 37, 38, 39, 40

Ehekrisen 41

Eindruck, erster 42, 43

Einfühlungsvermögen 46

einkaufen 44, 108

Einladung 109, 149

Einstieg 25

Einstiegsthemen 62

Eisbrecher 12, 45, 79

emotionale Intelligenz 33

Empathie 46, 47

Entspannung 119

Erziehung 48

Fachsprache 49

Fauxpas 50

Fernsehen 51

Fettnäpfchen 22, 87

Firmenjubiläum 52

Floskeln 62, 130

Flugzeug 13, 53

Fragen 46, 54, 55, 68, 134

Frauen 56

Fremdwörter 57

Freundlichkeit 13, 23, 43

Friseur 58

Gast 23, 133
Gastgeber 22, 47, 147, 149
Geld 59
Gemeinsamkeiten 82, 147
Geruch 60
Geschäftsessen 105
geschlossene Fragen 54
Gesichtsausdruck 103
Gespräch beenden 61
Gesprächseinstieg 25, 52, 62, 63,
    80, 85
Gesprächsfaden 64
Gesprächsgruppe 91
Gesprächskultur 143
Gesprächspartner 65, 66, 67
Gesprächspausen 68
Gestik 43, 46, 71, 72, 103, 106
Glaubwürdigkeit 23, 36
grüßen 22, 154

Haltung 28, 43, 46
Hände 46, 71
Hände in den Hosentaschen 74
Handgeben 22, 23
Harmonie 76
Haustiere 141, 142
Hemmungen 23
Hobbys 49, 77, 88
Hotel 13, 78
Humor 79, 80, 106, 112, 123,
    159
Hunde 142

Icebreaker 12, 45, 79
Interesse 46, 47, 81, 92, 103,
    126, 157
Internet 82

Ja-Sager 76
Jammern 83
Jugendsprache 84

Kantine 85
Katzen 142
Killerphrasen 86
Kinder 48, 87, 88
Kino 89
Kleidung 43
Kompetenz 18, 36, 55, 94
Kompliment 52, 90
Konferenz 14
Kongress 91
Korkenübung 18
Körperhaltung 75
Körpersprache 43, 46, 72
Krankenbesuch 92
Krankenhaus 92
Krankheit 63, 93, 137
Krawatte 94
Kreativität 64
Kultur 95, 105, 139, 153
Kundendatei 97
Kundenevent 96
Kundenkontakt 12, 19, 22, 47,
    97, 146
Kundentermin 97
Kunst 95

Lächeln 15, 21, 99, 103
lästern 100
Lautstärke 33, 101
Leichtigkeit 102
Lift 15, 16
Literatur 95

Mimik 43, 72, 103, 146
Missverständnisse 9, 126

Monolog 104
Motivationsfragen 55
Museum 98
Musik 77, 95, 105

Nachfragen 47, 68
Namen 107
Networking 14, 81
Netzwerk 14, 81
Neugier 81, 96

Oberflächlichkeit 63
Oberlehrer 22, 103
Offenheit 43, 71
Optimismus 108, 112
Outfit 43, 84, 94, 109

Parfum 60
Party 23, 36, 37, 42, 149, 152
persönliche Probleme 41
Persönlichkeit 33, 76, 129
Politik 110, 117, 153
positives Denken 111
positives Image 25, 112
Promiklatsch 113, 153
Pünktlichkeit 149

Ratschläge 114
Reisen 153
Religion 117
Respekt 157
Restaurant 115, 116
Rücksichtnahme 24
Ruhe 118, 119

Sauna 119
Schachtelsätze 120
Schlagfertigkeit 159
Schüchternheit 15, 23

schweigen 123
Selbstbewusstsein 23, 109, 124
siezen 37, 38, 39, 40
Sitzordnung 125, 146
Souveränität 109, 129, 159
Spiegeln 126
Sprache 13, 18, 33, 72, 84, 129, 130
Sprachlosigkeit 54
Sprechtempo 33, 101, 131
Stimme 43, 46, 101, 132
Stimmungslage 26, 28, 46, 101, 115, 129
Störung 133
Suggestivfragen 134
Sympathie 23, 33, 36, 47, 71, 94, 103, 110, 132, 136

Tabu-Themen 64, 76, 137, 155
Theater 105, 138, 139
Themen, unbekannte 140
Tiere 141, 142
Tonfall 33, 46, 72

Understatement 80
Unhöflichkeit 133
Unsicherheit 23, 129
Unverschämtheit 143
Urlaub 58, 97, 115

Verabschiedung 61, 145
Verkaufsgespräch 146
vernetzen 147
Vernissage 133
Verspätung 149
Vertrauen 94
Vertraulichkeit 150
Visitenkarte 96, 107, 151, 152

Vorstellungsgespräch 12, 25, 42, 43

Warmherzigkeit 23
Wartezimmer 154
Weichmacher 130
Wetter 12, 45, 58, 62, 83, 98
Wirkung 132
Witz 80, 123

Zeitgeschehen 155
Zeitung 19, 153, 155
Zugfahrt 156
zuhören 21, 47, 68, 93, 126, 157
Zweideutigkeiten 159

GABAL: Ihr „Netzwerk Lernen" – ein Leben lang

Ihr Gabal-Verlag bietet Ihnen Medien für das persönliche Wachstum und Sicherung der Zukunftsfähigkeit von Personen und Organisationen. „GABAL" gibt es auch als Netzwerk für Austausch, Entwicklung und eigene Weiterbildung, unabhängig von den in Training und Beratung eingesetzten Methoden: GABAL, die **G**esellschaft zur Förderung **A**nwendungsorientierter **B**etriebswirtschaft und **A**ktiver **L**ehrmethoden in Hochschule und Praxis e.V. wurde 1976 von Praktikern aus Wirtschaft und Fachhochschule gegründet. Der Gabal-Verlag ist aus dem Verband heraus entstanden. Annähernd 1.000 Trainer und Berater sowie Verantwortliche aus der Personalentwicklung sind derzeit Mitglied.

Lernen Sie das Netzwerk Lernen unverbindlich kennen.
Die aktuellen Termine und Themen finden Sie im Web unter **www.gabal.de**.
E-Mail: info@gabal.de.

Telefonisch erreichen Sie uns per 06132.509 50-90.

Die Mitgliedschaft gibt es quasi ab 0 Euro!
Aktive Mitglieder holen sich den Jahresbeitrag über geldwerte Vorteil zu mehr als 100% zurück: Medien-Gutschein und Gratis-Abos, Vorteils-Eintritt bei Veranstaltungen und Fachmessen. **Hier treffen Sie Gleichgesinnte, wann, wo und wie Sie möchten:**

- Internet: Aktuelle Themen der Weiterbildung im Überblick, wichtige Termine immer greifbar, Thesen-Papiere und gesichertes Know-how inform von White-papers gratis abrufen
- Regionalgruppe: auch ganz in Ihrer Nähe finden Treffen und Veranstaltungen von GABAL statt – Menschen und Methoden in Aktion kennen lernen
- Jahres-Symposium: Schnuppern Sie die legendäre „GABAL-Atmosphäre" und diskutieren Sie auch mit „Größen" und „Trendsettern" der Branche.

Über Veröffentlichungen auf der Website (Links, White-papers) steigen Mitglieder „im Ansehen" der Internet-Suchmaschinen.
Neugierig geworden? Informieren Sie sich am besten gleich!

„Es ist viel passiert, seit Gründung von GABAL: Was 1976 als Paukenschlag begann, ... wirkt weit in die Bildungs-Branche hinein: Nachhaltig Wissen und Können für künftiges Wirken schaffen ..."
(Prof. Dr. Hardy Wagner, Gründer GABAL e.V.)